ALTO

Miedo, Angustia y Ansiedad

Franco Hall

ISBN-13: 978-1517602758

ISBN-10: 1517602750

1. MIEDO, ANGUSTIA Y ANSIEDAD

Básicamente la sensación de angustia es muy similar al estado que domina al individuo con miedo. En ambos casos, además de la sensación subjetiva y psicológica de temor y amenaza, existen una serie de síntomas corporales y respuestas del organismo que son muy similares a las que presentan los animales cuando tienen que huir o enfrentar un peligro exterior. Ante una amenaza externa el organismo se pone alerta, preparándose para la acción. Necesita más energía en cerebro, brazos y piernas, lo que se consigue a través del oxígeno que llega a través de la sangre. Entonces el corazón late más deprisa y se eleva la tensión arterial, además de respirar más profundamente para captar más oxígeno. Los músculos se tensan igualmente como forma de preparación, mientras que el sudor permitirá eliminar el exceso de calor muscular. Además, existen otra serie de ajustes internos como ciertas modificaciones en los componentes de la sangre, para que en caso de recibir heridas estas coagulen rápidamente. También la digestión se enlentece para reservar más sangre para cerebro y músculos, así como la pupila se dilata como manera de aumentar la discriminación visual.

Vemos entonces que existen toda una serie de modificaciones corporales, que si son tomadas por sí solas pueden ser sugerentes de enfermedad, pero que no son más que respuestas adaptativas normales y saludables ante una amenaza exterior.

Sin embargo, entre el miedo y la angustia existen una serie de matices que nos permiten diferenciarlos claramente. Mientras que el miedo podemos considerarlo como una reacción normal frente a peligros o amenazas que vienen del exterior y son claramente reconocidos por el individuo, la angustia aparece como un sentimiento aparentemente inmotivado y en la mayoría de las ocasiones independiente de las circunstancias objetivas externas. El miedo se acompaña siempre de algo concreto a lo que se teme, mientras que en la angustia no se puede reconocer ese objeto, es un miedo indefinido o en todo caso los temores están asociados con situaciones frente a las que el individuo admite que está respondiendo desproporcionadamente.

Existen también períodos en el desarrollo evolutivo del individuo, en el que éste no está libre de sentimientos angustiosos como respuesta a circunstancias vitales adversas, tales como pérdidas o separaciones de seres queridos. Este tipo de angustia es considerada como normal y puede ser reflejo de la puesta en marcha de mecanismos de adaptación.

La ansiedad es difícil diferenciarla conceptualmente de la angustia, utilizándose ambas palabras de forma indistinta en muchas ocasiones. Las dos comparten una misma raíz etimológica (ANKH) que se mantiene a lo largo de las diferentes palabras, más o menos sinónimas, del tronco común de lenguas indoeuropeas. La palabra originaria quería decir angosto, estrecho o constreñido, con equivalentes muy precisos incluso en lenguas más remotas. Por ejemplo, en egipcio antiguo, para hacer alusión al miedo intenso se utilizaban dos símbolos, uno indicativo de estrechez y otro representando a un hombre tumbado como si estuviera muriéndose.

Para nosotros y en general, la angustia hace referencia a una sensación más corporal, opresiva, sobrecogedora, que llega a "encoger" el pecho o el estómago, el temor a morir o enloquecer lentifica el paso del tiempo así como inhibe a la persona. La ansiedad sería una sensación más mental de sobresalto y desasosiego mantenido, el tiempo aparece como acelerado mientras se teme que cualquier cosa negativa puede ocurrir y la persona se siente continuamente en tensión y con "necesidad de aire".

Cierto grado de ansiedad es deseable y necesario para el normal manejo de las exigencias de la vida cotidiana, jugando un papel muy necesario en la respuesta general de adaptación ante el estrés. Este nivel de ansiedad permite mejorar el rendimiento personal y la actividad, pero cuando rebasa un cierto límite aparece una evidente sensación de malestar y se deteriora el rendimiento.

Con la anterior curva se explica como el aumento de la ansiedad ante determinado problema, aumenta también la eficacia y rendimiento de la respuesta en un principio. Por ejemplo, ante un examen o una entrevista se presta mayor atención al estudio o los contenidos que pueden tener mayor importancia, se está "motivado" (ansiedad normal) mejorando el rendimiento. Al aumentar esa ansiedad normal o motivación se llega a un nivel óptimo en la relación ansiedad-eficacia, pero a partir de aquí cualquier aumento, por mínimo que sea, genera una disminución muy rápida del rendimiento. De esta forma se puede llegar a una eficacia nula, como cuando la persona se queda con la mente en blanco o se bloquea en la acción. Si este estado se mantiene aún en ausencia de demandas exteriores es cuando hablamos de ansiedad patológica, que puede configurar un trastorno psiquiátrico con características propias o asociarse a otro gran número de trastornos.

2. ¿QUÉ ES UNA CRISIS DE ANGUSTIA?

También llamada crisis de ansiedad o ataque de pánico. Este estado se corresponde con la aparición más o menos repentina, muchas veces sin motivo aparente, de una sensación de miedo intenso acompañado de un importante malestar corporal y una serie de síntomas que pueden variar entre diferentes personas. Estos síntomas pueden ser muy similares a los que se experimentan tras un susto o amenaza externa. Es como si esta respuesta corporal se hubiera hecho muy sensible, saltando la señal de alarma de forma automática en situaciones normales y no peligrosas.

La Asociación Psiquiátrica Americana en su última clasificación sugiere que para su diagnóstico deben recogerse cuatro o más de entre un listado de síntomas (si se presentan menos de cuatro síntomas se denominan "crisis

3

sintomáticas limitadas").

1. Palpitaciones, sacudidas del corazón o elevación de la frecuencia cardíaca.

2. Sudoración.

3. Temblores o sacudidas.

4. Sensación de ahogo o falta de aliento.

5. Sensación de atragantarse.

6. Opresión o malestar torácico.

7. Nauseas o molestias abdominales.

8. Inestabilidad, mareo o desmayo.

9. Sensación de que el mundo de alrededor ha cambiado o es irreal en algún sentido, o de que la persona se encuentra como separada de sí misma.

10. Miedo a perder el control o volverse loco.

11. Miedo a morir.

12. Sensación de entumecimiento u hormigueo en diversas partes del cuerpo.

13. Escalofríos o sofocos.

Manual Diagnóstico y Estadístico (DSM - IV)

Por otra parte, la Organización Mundial de la Salud, en su Décima Clasificación Internacional de las enfermedades, describe la crisis de pánico o "ansiedad episódica paroxística" como:

1. Un episodio puntual de temor o de malestar.

2. Se inicia bruscamente.

3. Alcanza su máxima intensidad en pocos segundos y dura algunos minutos.

4. Deben hallarse presentes por lo menos cuatro de los síntomas listados a continuación, uno de los cuales debe ser de los grupos "A" a "D":

Síntomas autonómicos

a) Palpitaciones o golpeo del corazón o ritmo cardíaco acelerado.

b) Escalofríos.

c) Temblores o sacudidas.

d) Sequedad de boca (no debida a medicación o deshidratación).

Síntomas relacionados con el pecho o abdomen

e) Dificultad para respirar.

f) Sensación de ahogo.

g) Dolor o malestar en el pecho.

h) Náusea o malestar abdominal (estómago revuelto).

Síntomas relacionados con el estado mental

i) Sensación de mareo, inestabilidad o desvanecimiento.

j) Sensación de irrealidad (desrealización), o de sentirse fuera de la situación (despersonalización)

k) Sensación de ir a perder el control, de volverse loco o de ir a perder el conocimiento.

l) Miedo a morir.

Síntomas generales

m) Oleadas de calor o escalofríos.

n) Adormecimiento o sensación de hormigueo.

Clasificación Internacional de Enfermedades. 10ª Revisión.

A pesar de que para hacer un diagnóstico de crisis de ansiedad suele ser suficiente un relativamente pequeño número de síntomas de las reducidas listas anteriores, en la práctica la variabilidad y diversidad de estos síntomas es mucho mayor, pudiendo afectar y alterar un gran número de sistemas corporales, lo que llega a confundir aún más a la persona que lo sufre.

Resumiendo, la crisis suele comenzar de forma brusca, alcanzando su máxima intensidad a los diez minutos o menos. No necesariamente debe existir una situación amenazante o un desencadenante claro, pudiendo encontrarse la persona más o menos tranquila en los momentos previos o incluso dormida. Además de aparecer algunos de los síntomas corporales de los listados anteriores y que varían de persona a persona, este estado va acompañado de una intensa sensación de peligro, muerte inminente y la imperiosa necesidad de pedir ayuda o escapar.

En general las personas que sufren una crisis de angustia la describen como un miedo intenso, con sensación de estar a punto de morir o sufrir un infarto o "derrame" cerebral, o bien perder el control o "volverse loco". Esta sensación, acompañada de los síntomas corporales que a veces son de gran intensidad, hacen que la persona tienda a escapar como sea de la situación o lugar donde se encuentra y a veces buscar ayuda médica de urgencia.

Como la crisis llega a su pico máximo aproximadamente a los diez minutos, en caso de acudir a urgencias, cuando llegan al servicio los síntomas se han calmado mucho o han desaparecido, no encontrándose anomalías cuando son explorados. De cualquier forma, no es infrecuente que a pesar de haberse reducido la intensidad de los síntomas la persona quede en un estado de abatimiento, cansancio o desgana que puede durar incluso durante horas hasta que se recupera, tal y como se ha pretendido reflejar en la ilustración.

"Me encontraba en un supermercado un 24 de Diciembre, estaba con mi novia comprando unos detalles para los regalos de Navidad. Al terminar de escoger las cosas, me dispuse a esperar en la fila para pagar, de pronto empecé a sentir mucho calor acompañado de mareos, me sentí tan mal que le di todo a mi novia y le dije que iba a salir a tomar un poco de aire. Me sentí al punto de desmayarme, pero al salir fuera me sentí bien, sin molestias. Pasé varios días pensando en lo que me había pasado, y empecé a desarrollar ataques de pánico en todas las ocasiones que me encontraba en un lugar cerrado. Para mi eran muy difíciles las clases si me daba un ataque, aunque fueron contadas las veces que me salí del salón. Todavía no se me olvida, que por mucho tiempo, cada mañana me levantaba y lo primero que me decía es que estaba listo para luchar todo el día contra mis ataques de pánico y mi fuerte depresión. Me repetía constantemente "Algún día saldré de esto, si tropiezo, me volveré a levantar sin importar cuantas veces me caiga, yo me levantaré de nuevo", así estuve como año y medio con altas y bajas, pero aunque me costara muchos temores no dejé de hacer todos mis deberes y acudía a la escuela por las mañanas, trabajaba a veces por las tardes, y por las noches iba a visitar a mi novia. Sin embargo, casi no salíamos a ninguna parte, ya que tenía miedo de sufrir un ataque de pánico y que me fuera a desmayar. Con el paso del tiempo y tratamiento, poco a poco fui mejorando, desde hace unos meses me he sentido muy estable anímicamente, sigo teniendo algún ataque de pánico, más sin embargo ya no les hago tanto caso y por lo tanto cada vez son más esporádicos."

Carlos, 26 años.

3. ¿QUÉ ES UNA CRISIS DURANTE EL SUEÑO?

En algunas personas pudiera ocurrir que durante la noche, mientras duermen, se despierten bruscamente con síntomas corporales similares a los que aparecen durante una crisis de pánico, todo ello acompañado de una gran angustia ante el temor a que algo grave les esté pasando.

Hasta el momento, este tipo de cuadros no están bien estudiados, no conociéndose con precisión su frecuencia de aparición entre la población. Las crisis nocturnas no se dan en la totalidad de personas con un trastorno de pánico, oscilando su aparición entre un 4 % a 69 % según diferentes estudios en personas con crisis diurnas y un 2 % de casos con crisis exclusivamente nocturnas.

No todas las interrupciones súbitas y angustiosas del sueño son debidas a una crisis de pánico, pudiendo resultar de interés diferenciar estas de otras patologías como la apnea del sueño (parada u obstrucción respiratoria breve), los terrores nocturnos, las pesadillas, la parálisis del sueño o la epilepsia nocturna. Cuadros todos ellos más o menos fáciles de descartar con una exploración detallada, sobre todo si coexisten crisis diurnas.

Las crisis de pánico nocturnas suelen ocurrir en la primera mitad de la noche, y no suelen asociarse con la fase "del soñar". Algunas investigaciones han descrito que las personas con crisis nocturnas refieren más crisis durante el día y tienen más síntomas corporales que las personas con crisis exclusivamente durante el día, aunque la intensidad de los síntomas nocturnos puede ser menor que el nivel alcanzado durante el día. La aparición de crisis nocturnas puede condicionar también conductas de evitación, que en este caso serían temores a ir a la cama o a quedarse dormido.

4. ¿QUÉ ES LA HIPERVENTILACIÓN?

La hiperventilación o ventilación pulmonar excesiva suele aparecer cuando la persona nota determinadas dificultades respiratorias, como puede ser la sensación de no poder aspirar suficiente aire por opresión en el pecho. Esto hace que la persona sienta "hambre de aire", lo que a su vez le motiva a respirar más rápido y profundo, incluso saliendo a la ventana con el ansia de buscar aire fresco.

No tratándose realmente de una necesidad de oxígeno, se introduce una cantidad de aire superior a las necesidades del organismo. Lo que se consigue es eliminar un exceso de anhídrido carbónico (CO_2) que provoca una "alcalosis respiratoria" (aumenta el pH de la sangre). De forma fisiológica (normal), este cambio en la composición de la sangre hace que se libere menos oxígeno en los tejidos, entonces el corazón de forma refleja aumenta la potencia y frecuencia de sus latidos. También el lugar desde donde se controla la respiración se ve afectado, al haber menos CO_2 se reduce la frecuencia respiratoria y para compensarlo la persona la fuerza voluntariamente, aumentando la sensación de disnea o ahogo. A partir de aquí los síntomas de angustia empeoran, ya que se desencadenan una serie de fenómenos fisiológicos que suelen empezar con entumecimiento u hormigueo en los dedos de ambas manos aunque ocasionalmente también puede afectarse sólo una de ellas. Si la alcalosis persiste esta sensación se va extendiendo también a los dedos de los pies, el resto de los pies, la cara y especialmente la zona alrededor de la boca. menos frecuentemente se pueden producir contracciones musculares e incluso tetania (contracción muscular mantenida), sobre todo en muñecas y tobillos. Junto a lo anterior suele coexistir cierta sensación de atontamiento, así como de presión y agrandamiento de la cabeza. Ni que decir tiene que la aparición de estos síntomas secundarios a la hiperventilación no hacen más que agravar la sensación de pánico de la persona.

Una persona con una crisis de pánico puede correr el riesgo de hiperventilar, con el consiguiente empeoramiento del cuadro, pero también se sabe que personas predispuestas pueden desencadenar la propia crisis si fuerzan su respiración de forma voluntaria.

Lea en el punto 9.2 (¿Qué puedo hacer en el caso de repetirse una crisis de angustia?) una estrategia para evitar el riesgo de hiperventilación.

Mis primeras crisis comenzaron sintiendo que el aire no me llegaba a los pulmones y por lo tanto me moriría. Todos mis miedos giran alrededor de la falta de aire. Cuando comienzo a sentirme ansiosa, lo primero que me sucede es que respiro en forma mucho más rápida y eso me produce mucho mareo, me parece que no puedo hablar y tengo una sensación de hormigueo en las manos.

Ángela, 27 años.

Tengo dificultades para respirar, casi constantes, y la verdad que es algo que me desorienta mucho. Es como que el aire entra a los pulmones pero no puede ser asimilado, por lo que me agito y tengo que controlar todo el tiempo mi respiración. Me ahogo, aun estando sola, y cuando tengo que hablar, leer o cantar, me falta el aire y me corto en el medio. Pareciera que el acto involuntario de respirar se ha convertido en algo voluntario y al mismo tiempo, cuando quiero hablar con alguien y estoy así, se me corta la voz, me agito y me pongo muy nerviosa por lo que me está pasando. En fin, me genera mucha angustia, me inhabilita y me da miedo que me pase en momentos importantes.

María, 33 años.

5. ¿QUÉ ES EL TRASTORNO DE ANGUSTIA?

También denominado trastorno de pánico o ansiedad paroxística episódica en la clasificación de la Organización Mundial de la Salud. Este trastorno hace referencia a la sucesión de un cierto número de crisis de angustia inesperadas. Además y durante un período de tiempo (por ejemplo, 1 mes), la persona vive atemorizada por la posibilidad de padecer una nueva crisis y sus posibles consecuencias. Todo ello le puede llevar a modificar sus comportamientos habituales, buscando que las crisis no se repitan.

Dependiendo de la clasificación diagnóstica que se utilice este diagnóstico será más o menos frecuente. Por ejemplo, la clasificación americana incluye aquí todos aquellos casos en que se repitan las crisis de pánico, independientemente de que presenten o no agorafobia, mientras que para la OMS sólo recibirán este diagnóstico primario aquellas personas que no la presenten.

Soy abogado, con una buena situación económica, tres hijos, un matrimonio estable y me atrevería a decir feliz. La vida me ha ido dando muchas cosas buenas pero desde hace aproximadamente 9 años empecé a sentirme mal, con mucho miedo, inicialmente el miedo estaba referido a que en cualquier momento podía perder todo, no existiendo razones aparentes para ello. Mi familia era la más perjudicada con esto, ya que tampoco comprendían qué es lo que me pasaba. Luego, con el tiempo creo que se acostumbraron y me hacían poco caso. Ahí, mi enfermedad tomó otro rumbo, cada cierto tiempo corríamos de urgencia a la clínica más cercana porque presentaba todos los síntomas de un infarto cardiaco. Por supuesto en la clínica me trataban inicialmente por esa emergencia, pero al cabo de unas dos o tres horas, mientras mi familia estaba desesperada porque podía pasarme algo grave, me decían los médicos que me fuera a casa y descansara porque no tenía nada. Les discutía a los médicos que estaba muy mal, pero lisa y llanamente me echaban, y ahí quedaba en la puerta de la clínica, indignado porque no comprendían que estaba muy grave. Evidentemente, quienes más sufrían eran mi mujer y mis hijos, ya que terminaba descargando mi enojo con ellos. Durante un par de años fui aproximadamente unas 20 veces a diversas clínicas por este tema, y siempre con el mismo resultado: ¡Señor, déjese de tonterías, a usted no le pasa nada, tómese este relajante, duerma un poco y se sentirá bien! Escuchaba que se hablaba de cualquier enfermedad y automáticamente empezaba a sentir los síntomas, hipocondriaco en su máxima expresión.

En una de esas visitas, un médico se negó a hacerme un electrocardiograma para ver si era algo del corazón, ni siquiera quiso tomarme la tensión, se sentó frente a mí y me pidió que realmente le contara, pero de verdad, que me pasaba. Me dejó atónito, ¡si estoy con un ataque cardiaco! le decía, pero él volvía a la misma pregunta. En definitiva, me recomendó un psicólogo que conocía. Como a través de la conversación que sostuvimos los síntomas fueron desapareciendo y además no tenía nada que perder, visité a este psicólogo con quien estuve en tratamiento durante seis meses. Me hizo muy bien al principio, ya que cuando me daban esos supuestos ataques al corazón podía controlarlos, ya no tenía tanto miedo de andar solo por la calle, incluso en carretera iba más tranquilo, ya no sentía tanto miedo de que me iba a morir en cualquier momento dejando a mis hijos pequeños, he de contarles que de ese periodo tengo todo tipo de seguros, de enfermedad, de vida, de accidentes, etc. Tuve una recaída y volvieron las depresiones causadas por las crisis de duda respecto de todo: si era posible tener un accidente, si me voy a morir porque escuché que hablaban de una enfermedad mortal y yo siento los síntomas. No quería estar solo por ningún motivo, me daba miedo. Recurrí a un psiquiatra, cosa que no quería hacer. No tenía un claro concepto de mi enfermedad, no entendía porque estaba así si sentía que tenía todo para vivir feliz, incluso mi mujer me convenció para que fuéramos una semana al Caribe, a descansar, sin niños, el viaje fue de ensueño, pero no descansé pensando todo el día que debía descansar, esa obsesión me agobiaba más y por ende no podía relajarme.

En fin, he superado gran parte de mi enfermedad, ya puedo ver en televisión programas de salud o enfermedades sin empezar a sentir los síntomas de ella y puedo leer artículos relacionados con mi enfermedad sin que mi organismo se enferme. Lo malo es que si dejo de tomar las medicinas automáticamente me vuelven las crisis, el médico me dice que deberé estar tomando las medicinas durante un par de años y luego debo ir dejándolas poco a poco, tal como cuando empecé.

Martín, 45 años.

6. ¿QUÉ ES LA ANSIEDAD ANTICIPATORIA?

Es un estado secundario tras la presentación de un ataque de pánico y por el que la persona, a pesar de no sufrir un nuevo ataque, vive atemorizada por la posibilidad de que la crisis se repita. Hay personas que pueden desarrollar cierto grado de ansiedad anticipatoria incluso tras una o dos crisis, mientras que otras no llegan a desarrollarla, incluso tras frecuentes crisis.

Alguien la describió muy gráficamente como un estado de "miedo al miedo", que puede ser muy incapacitante y confundirse con un estado de ansiedad generalizada si no se explora la existencia de ataques de pánico previos. El individuo está continuamente pendiente de sus sensaciones corporales, alerta ante posibles señales de aviso que anuncien la inminencia del ataque de pánico. Evidentemente esto genera una importante tensión en las actividades diarias, sometidas a una hipervigilancia continua para evitar verse sorprendido por la crisis.

7. ¿QUÉ ES LA ANSIEDAD GENERALIZADA?

Aunque el trastorno por ansiedad generalizada requeriría por sí mismo un manual similar al presente, únicamente daremos una somera descripción que nos permita hacernos una idea general.

La ansiedad generalizada con cierta frecuencia se asocia al trastorno por angustia, presentando algunas similitudes con la ansiedad anticipatoria, por lo que en ocasiones se llega a confundir con ella. La existencia de crisis de pánico con anterioridad apuntará más hacia la ansiedad anticipatoria, aunque ocasionalmente ambos tipos de ansiedad pueden coexistir a la vez o bien añadirse un trastorno por angustia a cierto nivel de ansiedad generalizada ya existente previamente.

La ansiedad generalizada se presenta de forma continua y no con picos o episodios de crisis. La característica principal es un estado mantenido de tensión y nerviosidad con preocupaciones en torno a situaciones o acontecimientos pronosticados como desfavorables. Temores típicos son los relativos a accidentes, enfermedades, dificultades económicas, laborales o familiares, sin guardar una relación directa con la realidad exterior objetiva ni ser reflejo únicamente del miedo a la aparición de una eventual crisis de angustia o sus consecuencias.

La persona está nerviosa, de mal humor, irritable e insatisfecha. La tensión mantenida puede resentir los músculos generando dolores, sobre todo en espalda, cabeza y cuello. Los dolores de cabeza son relativamente frecuentes en forma de presión, bien en la zona de la nuca o en la parte frontal mientras que otras veces es un dolorimiento continuo de carácter pulsante. Aparecen además síntomas corporales como el aumento de la sudoración, sobre todo en las manos, facilidad para ponerse rojo, sequedad de boca o por el contrario mucha salivación, molestias en la garganta, nauseas, eructos, molestias de estómago, necesidad de orinar con frecuencia, ligera diarrea, temblor y agitación interna.

No es infrecuente que por el estado de hipervigilancia continua la persona presente dificultades de sueño, así como sensación de cansancio y fatigabilidad durante el día. Las alteraciones del apetito pueden oscilar desde su aumento a la disminución, lo mismo que puede observarse en relación al impulso sexual. También las capacidades mentales se resienten, apareciendo con frecuencia dificultades para mantener la atención y concentración lo que favorece la distraibilidad, así como pueden existir algunas dificultades de memoria.

8. ¿QUÉ SON LAS FOBIAS?

Por fobias se entienden los temores excesivos e irracionales ante situaciones a las que la mayoría de las personas no asustan o en todo caso sólo generan un malestar o incomodidad mínima. Por ejemplo, permanecer un corto período de tiempo en un recinto muy pequeño (ascensor), aunque no sea agradable o cómodo, se soporta con facilidad por la gran mayoría de personas. Sin embargo puede haber individuos que son incapaces de utilizar un ascensor y que en caso de hacerlo, sufrirán un estado de gran ansiedad que incluso puede llegar al nivel de una crisis de pánico.

Existen infinidad de fobias posibles, en realidad cualquier objeto o situación puede ser motivo de temores fóbicos dependiendo de la persona. Los temores más frecuentes suelen referirse a:

1. Animales. Generalmente con inicio en la infancia.

2. Ambiente. En relación con la naturaleza y fenómenos atmosféricos (tormentas, viento, precipicios, agua.... También suele iniciarse en la infancia.

3. Sangre, inyecciones, daño corporal. Suele darse con mayor frecuencia en algunas familias. Con cierta facilidad se desencadenan reacciones vegetativas que pueden llegar al mareo o desvanecimiento ante la visión de estas circunstancias.

4. Situaciones. Como transporte, túneles, puentes, aviones, ascensores, coches, espacios cerrados.

5. Otros tipos. Como el temor al atragantamiento, vómitos, contraer una enfermedad, a caer si no hay paredes cerca...

La mayoría de las fobias son trastornos circunscritos que no necesariamente tienen que ir asociados a un trastorno de angustia. Dos tipos particulares de fobias son la agorafobia y la fobia social, que se describen a continuación.

9. ¿QUÉ ES LA AGORAFOBIA?

Es el miedo a lugares o situaciones donde escapar puede ser difícil (o embarazoso), o en el caso de presentar alguno de los síntomas de la crisis de ansiedad o similares (diarreas, mareos...) no se puede obtener ayuda inmediata. Aunque a veces la agorafobia puede aparecer sin crisis de ansiedad anteriores, generalmente es posterior a ellas.

De forma típica, la persona comienza a evitar algunas situaciones o lugares temidos, pero al cabo del tiempo puede que esté muy limitado en cuanto al número y lugares donde se encuentra cómodo. Evita así estar solo dentro o fuera de casa, las concentraciones de gente, lugares con mucho ruido o luces, grandes almacenes o comercios, transportes públicos, puentes o ascensores. En el caso de tener que enfrentar alguna de estas situaciones, no lo hace más que sometido a un intenso temor, tranquilizándose algo si se encuentra en compañía de alguien de su confianza o con algo entre las manos como puede ser un carrito. Esta dependencia enfermiza de otras personas pueden llegar a generar importantes tensiones añadidas en las relaciones familiares.

10. ¿QUÉ ES LA FOBIA SOCIAL?

El temor a aquellas situaciones de tipo social o público donde la persona puede sentirse observada. No asociándose de forma tan característica como la agorafobia al trastorno de pánico, debe ser diferenciada de esta, ya que aunque pueden presentarse aspectos similares entre los dos trastornos, resultan básicamente diferentes. La fobia social se caracteriza por el miedo a ser censurado y el consiguiente bochorno y humillación pública. Son frecuentes la aparición de enrojecimientos de cara, sudor, temblor (por ejemplo al firmar en público o levantar una taza) y bloqueos del habla. Comer en público puede ser una acción insoportable, tendiendo a buscar mesas o lugares apartados. A diferencia de la agorafobia, se evitan las tiendas pequeñas, mientras que los grandes supermercados no generan dificultades hasta que llega la hora de pagar. También de forma diferencial, las personas cercanas que intentan apoyar o ayudar pueden empeorar la situación.

11. ¿QUÉ ES LA DEPRESIÓN?

Existe un relativamente gran número de cuadros que pueden clasificarse bajo el nombre de "depresión". Sin embargo, básicamente podemos decir que es un estado anímico de tristeza mantenida que se acompaña además de otros síntomas corporales variados. La persona deprimida refiere sentimientos de tristeza, pérdida de la capacidad para interesarse o disfrutar de las cosas, disminución de la atención y concentración, pérdida de confianza en sí mismo, autorreproches infundados, desesperanza hacia el futuro, pesimismo y visión negativa de la propia vida, además de disminución de su vitalidad y cansancio exagerado, trastornos del sueño, apetito, sexualidad u otras funciones corporales. Estos síntomas pueden variar en intensidad o asociarse a otros dependiendo del tipo de depresión que se trate, de igual forma que pueden ir asociados o no a situaciones o sucesos particulares de la vida de la persona.

A pesar de que a nivel de la calle generalmente llamamos "depresión" a muchos de los estados que afectan psicológicamente a una persona, es muy importante precisar que un trastorno por angustia NO es una depresión, a pesar de que tras la aparición de una crisis la persona pueda sentirse triste o miserable durante unas horas o días. Sin embargo, no es infrecuente que tanto las crisis de ansiedad como la depresión puedan coexistir en la misma persona. Bien porque las limitaciones impuestas por las propias crisis llegan a deprimir al sujeto, o bien por la aparición de crisis en personas ya deprimidas con anterioridad. En estos casos puede requerirse de tratamiento complementario pero, lo que es muy importante, debe reconocerse que junto a los temores hacia la aparición de una crisis, el propio estado de ánimo de desesperanza y falta de expectativas de mejoría pueden frenar al individuo en sus esfuerzos hacia la superación del cuadro.

Tras un período de ansiedad muy elevada me sobrevino una depresión, de la cual he podido salir con antidepresivos. La ansiedad te deja sin fuerzas para vencer la depresión y ésta te deja sin ganas para vencer la ansiedad. Estoy de acuerdo en que ansiedad y depresión son dos cosas distintas, pero pienso que la primera puede provocar la segunda.

Pedro, 43 años

12. ¿HAY MUCHAS PERSONAS A LAS QUE LES PASE ESTO?

Se calcula que entre el 1,5 y el 3,5% de la población puede sufrir este trastorno, aunque se ha descrito que hasta un 9,3 % de la población general puede presentar alguna crisis aislada a lo largo de la vida. Durante un mismo año 1 o 2 de cada 100 habitantes lo sufrirán. Entre un tercio y la mitad de ellos presentará además síntomas agorafóbicos. Su presentación puede verse influida por matices culturales, pero se han observado síntomas similares en casi todo el mundo. Lo más frecuente es que aparezca entre los 20 y los 45 años. Podemos decir entonces que es un trastorno frecuente, sobre todo en el caso de las mujeres que lo presentan 2 a 3 veces más que los varones.

He tenido crisis de pánico recurrentes, acompañadas de agorafobia. Nunca deja de asombrarme, aunque no debería ser así, que personas desconocidas entre sí usen frases tan similares (idénticas, en algunos casos) para describir sus sensaciones y sus temores. Esto para mí fue un alivio en su momento (a pesar de sentir mucho que otros pasaran por lo mismo que yo), ya que saber que no era el único que pasaba por esa situación (es decir, que existía un patrón que podía llevar a un diagnóstico y a un tratamiento) me dio la certeza que la recuperación era posible. Les aclaro que estoy hablando de años atrás, y que la información sobre este problema era virtualmente inexistente.

Alberto, 40 años.

13. ¿ES UN TRASTORNO NUEVO?

Es sobre todo en las últimas décadas cuando se ha dirigido la mayor atención y se han dedicado los mayores recursos a la investigación sobre el trastorno de angustia, pero esto no quiere decir en absoluto que este problema no existiera con anterioridad.

En este sentido hay quien reconoce excelentes descripciones del cuadro entre los escritos de la poetisa Safo (650-590 A.C.) o los de Cátulo (84?-54? A.C.), mientras que Hipócrates (460?-377? A.C.), padre de la medicina, describía algunos casos de personas con temores fóbicos acompañados de síntomas de pánico.

Sin querer perdernos en los largos años de la historia de la medicina, daremos un salto hasta tiempos más cercanos a nosotros. Kraepelin (1856-1926), psiquiatra alemán considerado uno de los padres de la psiquiatría moderna por sus precisas descripciones de algunas enfermedades, publicó el caso de un maestro con síntomas inconfundibles de angustia paroxística.

Poco antes, el médico Jacob Mendes DaCosta, en base a sus observaciones clínicas durante la guerra civil norteamericana, describe un tipo de padecimiento que afectaba a muchos de los soldados. Por ejemplo, relata el caso del voluntario William Henry H. que fue hospitalizado nada más licenciarse. Anteriormente y a pesar de su aparente buena salud sufrió crisis diarreicas de forma previa a la batalla de Fredericksburg, para posteriormente sentir un dolor punzante en el pecho y sufrir palpitaciones. Estos síntomas reaparecían con cierta frecuencia acompañándose de visión débil y vértigo, por lo que tenía que detener su marcha y ser atendido por las ambulancias. Fue herido en una de las batallas posteriores, curando en un mes pero empeorando sus síntomas cardíacos que reaparecían ante el mínimo esfuerzo. Con el estudio de un gran número de este tipo de casos, DaCosta llegó a la conclusión de la inexistencia de lesión alguna en el corazón, explicando los síntomas por cierta alteración del sistema nervioso vegetativo y denominando el cuadro "síndrome del corazón irritable". A partir de entonces este diagnóstico es frecuente entre soldados en la guerra Franco-Prusiana de 1870 y la de los Boers de 1890.

A finales de siglo, en 1895, Freud publica un trabajo donde describe la "neurosis de angustia" y reconoce el papel decisivo jugado por la ansiedad que podía existir de forma crónica o aparecer en crisis autolimitadas. En estos escritos refleja no sólo algunas de sus hipótesis explicativas de las causas del cuadro, sino que describe con particular cuidado algunas de las características de personalidad que pueden asociarse al trastorno, así como enumera la multiplicidad de síntomas somáticos posibles y la asociación con la agorafobia.

Durante la Primera Guerra Mundial se calcula que sólo en el ejército inglés se vieron afectados unos 60.000 soldados por lo que entonces se llamó "acción cardíaca alterada" y eran fundamentalmente tratados por médicos internistas o cardiólogos. En la Segunda Guerra Mundial el cuadro se describió como "reacción ansiosa", empezó a ser tratado por psiquiatras dando lugar a notables avances, no sólo en su tratamiento específico sino también aplicables en otro tipo de problemas psiquiátricos, como ocurrió con el desarrollo de técnicas grupales o la reincorporación rápida a tareas militares como forma de prevenir la consolidación de las conductas de evitación.

También en la literatura encontramos reflejado este trastorno, llegando a alcanzarse tal riqueza descriptiva que algunas citas han merecido aparecer en alguno de los más prestigiosos Tratados de Psiquiatría actuales. Como muestra valga el texto de H. G. Wells, que en 1919 publicaba en su obra "The journal of a disappointed man" lo siguiente:

"He estado paseando por el campo. He llegado a casa aterrorizado por un ataque realmente violento de palpitaciones. He pensado que cualquier persona con la que me encontrara podría ser el desafortunado que tendría que llevarme a casa en brazos. A medida que encontraba a alguien en la calle, yo sopesaba mentalmente sus fuerzas y consideraba si tendría suficiente presencia de ánimo y qué haría para ayudarme. Después de cruzarme con mi amigo P.C. lamenté que la tragedia no se hubiese manifestado todavía, puesto que él me conoce y sabe dónde vivo. Al cabo de un rato y después de inclinarme repetidas veces sobre el pretil del río, llegué a la librería, entré y me senté, momento en que se desencadenó toda la fuerza de mis palpitaciones. Mi cara quemaba por la sangre caliente; mis manos, que sostenían el periódico, temblaban y reflejaban el pulso, y mi corazón disparaba ¡bang! ¡bang!, pudiendo sentir mis latidos en las carótidas del cuello, hasta los grandes vasos de la región occipital de la cabeza. He intentado respirar muy lentamente, con mucho cuidado, por temor a agravar a la fiera. Finalmente llegué a casa (no sé cómo) y olí un frasco de sales. Ahora me encuentro mejor, pero muy desmoralizado".

14. ¿ES EL TRASTORNO DE ANGUSTIA IDÉNTICO EN TODAS LAS PERSONAS?

No. A pesar de presentar características comunes en todos los individuos, existen diferencias a veces muy marcadas. Hay personas que presentan además agorafobia con un grado variable de intensidad, mientras que otras no la sufren o lo hacen en un grado menor. Además, existen diferencias en el tipo de síntomas que predominan. Para unas personas son más evidentes los síntomas relacionados con el corazón y aparato circulatorio, otras presentan más dificultades de tipo respiratorio e incluso hay personas en que predominan los síntomas de tipo psicológico, como puede ser el miedo a perder el control, morir o enloquecer.

El número de síntomas también es variable entre personas, algunas de ellas con un importante número de síntomas diferentes, mientras que otras presentan únicamente 1 o 2 de ellos como en el caso de las "crisis con síntomas limitados".

La frecuencia de las crisis también varía de forma marcada, desde frecuencias moderadas y regulares (1 vez a la semana durante meses) a frecuencias intensas pero limitadas (1 al día durante una semana). A veces las crisis se repiten durante un período de años con temporadas más o menos largas sin síntomas, mientras que otras parecen ocurrir únicamente durante un período determinado de la vida.

Hay personas que pueden tener una vida relativamente normal a pesar de mantenerse las crisis. En otras, la sucesión de repetidas crisis puede llegar a alterar tanto al individuo y modificar de tal manera sus hábitos cotidianos, que le hagan encerrarse en sí mismo o generarse importantes tensiones en sus relaciones familiares, sociales o laborales.

También existen algunas características comunes a todas aquellas personas con este trastorno, que muestran una preocupación típica sobre las consecuencias que las crisis pueden tener sobre su salud física. De forma extrema hay quien no puede dejar de creer que, a pesar de repetidas exploraciones o controles médicos, tiene una enfermedad que no está siendo bien diagnosticada y que en cualquier momento puede poner en peligro su vida o su salud mental, no siendo infrecuente el peregrinaje continuo de médico en médico buscando explicaciones y cura a sus síntomas corporales.

15. ¿CUÁNDO O COMO PUEDE APARECER UNA CRISIS?

Las crisis de angustia pueden aparecer de forma aislada sin otra sintomatología asociada, siendo entonces diagnosticadas como trastorno de angustia. También pueden coexistir con otros trastornos como pueden ser la depresión, fobias (miedos extremos a situaciones normales), trastornos obsesivo-compulsivos, estados de ansiedad generalizada u otros trastornos mentales.

Existen tres tipos fundamentales de crisis:

A.- Crisis de angustia inesperadas, sin relación aparente con estímulos externos. En este caso el inicio de la crisis no se asocia con desencadenantes del ambiente.

B.- Crisis de angustia situacionales desencadenadas por estímulos del ambiente. Las crisis aparecen casi exclusivamente tras imaginar o exponerse a una situación determinada. Este tipo de crisis son típicas de las fobias, siendo las más frecuentes las fobias sociales (miedo a encontrarse en público) y las fobias específicas como pueden ser los miedos a ascensores, ratas, tormentas, etc.

C.- Crisis de angustia más o menos relacionadas con una situación determinada. Las crisis pueden aparecer asociadas a determinada situación, aunque existen ocasiones en que no aparecen en esa situación o aparecen sin darse la situación temida.

En general, cuando existen crisis de angustia inesperadas hacemos el diagnóstico de "trastorno de angustia", mientras que si estas crisis están desencadenadas por estímulos concretos hablamos de "fobias". Sin embargo, no es infrecuente que con el transcurso del tiempo, la persona que sufre repetidas crisis llegue a asociar su aparición con determinadas situaciones concretas.

También es posible que algunas enfermedades o alteraciones orgánicas de tipo hormonal, neurológico, cardíaco, respiratorio o del metabolismo puedan presentarse con síntomas similares a las de un ataque de pánico y donde puede ser difícil un diagnóstico diferencial en un primer momento. En este caso, las exploraciones complementarias, la evolución temporal del cuadro y los síntomas asociados harán relativamente fácil el diagnóstico en la gran mayoría de ocasiones.

Las crisis de pánico y más frecuentemente un cierto estado de ansiedad generalizada también se puede asociar a otras enfermedades somáticas de diferentes maneras. Primero como consecuencia secundaria derivada de la enfermedad, es decir, nerviosismo y angustia más o menos proporcionada como reacción posterior al diagnóstico de cualquier enfermedad. También pueden aparecer estados de ansiedad o crisis como efecto secundario tras la utilización de algunos medicamentos recetados con fines diversos (teofilinas, simpaticomiméticos, antiparkinsonianos, esteroides, antihistamínicos, digital etc.) o tras el consumo de otras drogas (cafeína, alcohol, anfetaminas, cocaína, cannabis, etc.). Es muy importante que recuerde a su médico cualquier producto que haya consumido últimamente y de esta forma se valore su potencial riesgo. Por último, hemos de recordar la posibilidad de que el trastorno de ansiedad coexista independientemente de cualquier otra enfermedad existente, como dos procesos diferenciados entre sí.

El proceso diagnóstico puede verse dificultado ya que uno de los temores más intensos y frecuentes que tiene la persona aquejada de crisis de pánico es precisamente, que una posible enfermedad orgánica pase desapercibida por no ser investigada suficientemente. En este sentido, y aun aceptando que la Medicina no puede ser considerada una ciencia exacta, es muy importante que el paciente confíe mínimamente en las exploraciones realizadas. Existen personas que llegan a atormentarse por la duda, no ya de una exploración insuficiente, sino ante la suposición, por ejemplo, de que la exploración se ha realizado justo cuando su corazón funcionaba bien, se le estén ocultando algunos datos de su propio estado e incluso de cierta posibilidad de que sus análisis se hayan podido cambiar o confundir sin querer o hayan sido realizados por aparatos defectuosos.

16. ¿SON IMAGINACIONES MÍAS?

No. Los síntomas que experimenta la persona durante la crisis son reales, siendo fácilmente comprobable, por ejemplo, cómo el corazón late más de prisa o hay un aumento de la sudoración. Síntomas tan reales como cuando tras un susto o sobresalto tenemos palpitaciones, sudamos o notamos frío, se nos traba la lengua o nos fallan las piernas. Como en este caso en que todo el mundo estaría de acuerdo en que los síntomas no se van a ver justificados por ninguna enfermedad corporal, en el caso del trastorno de angustia no existen pruebas médicas o análisis particulares que permitan hacer su diagnóstico específico. Muchas de las exploraciones clínicas que se realizan sirven para descartar otras posibles enfermedades o problemas médicos, sin embargo, otras muchas se llevan a cabo ante la insistencia del paciente en su búsqueda de una explicación médica.

La persona, ante lo real de sus síntomas corporales, en muchas ocasiones no puede aceptar que sus padecimientos sean de origen psiquiátrico y prosigue en su búsqueda de causas médicas. Aceptar que esos síntomas, al igual que los que sentimos tras un susto no tienen por qué ir asociados a una causa médica, es parte importante para su superación.

Sin tener muchas evidencias al respecto, ni forma de saber con exactitud si esto correcto o no lo es, lo cierto es que yo sentí la crisis de pánico como algo eminentemente orgánico en principio. Mi vida cambió un día entre los días de una forma brusca, sin preaviso, sólo en la distancia que separa una habitación de otra; sentí simplemente que moría (volví a tener esa sensación innumerables veces). Alguien podrá decir que un proceso psíquico del cual yo no era consciente me llevó a ese estado. Es posible que así fuera, pero yo no lo sentí de ese modo (aclaro que hablo sobre sensaciones subjetivas, no es mi intención afirmar ni negar nada).

Alberto, 40 años.

17. ¿CUÁL ES LA CAUSA?

Como muchos otros cuadros en Psiquiatría, todavía no se conoce con toda exactitud la causa de este problema. Hay evidencia de posibles alteraciones orgánicas o bioquímicas asociadas con el trastorno, así como hay algunas teorías psicológicas que intentan explicarlo desde diferentes puntos de vista.

Biológicamente sabemos que, comparando con otras, las personas con trastorno de angustia reaccionan con más frecuencia con un ataque de angustia tras la inyección de un producto llamado Lactato Sódico. De igual forma que tienen un mayor riesgo de desarrollar una crisis al aumentar su nivel en sangre de Dióxido de Carbono (CO_2), tal y como sucede en la hiperventilación. También prosiguen las investigaciones encaminadas a encontrar una posible base neuroanatómica subyacente sin resultados concluyentes.

Otro campo de estudio prometedor es el relativo a los diferentes trasmisores o mediadores del impulso nervioso en las neuronas (neurotrasmisores). En relación con ellos existen varias teorías que implican en mayor o menor medida a diferentes sustancias (GABA, noradrenalina, serotonina y otros). La confirmación práctica de la importancia de estos sistemas viene de la mano de los diferentes fármacos disponibles y sus resultados en el tratamiento de trastorno.

En relación con la personalidad previa, con frecuencia se encuentran rasgos de ansiedad, miedos, dificultades de adaptación o dependencia emocional, sin que todo ello signifique necesariamente un diagnóstico psiquiátrico definido. De igual forma, se suele encontrar un cierto número de personas con este trastorno que durante su infancia o primera juventud reaccionaban con ansiedad desproporcionada ante situaciones de separación, real o temida, de sus seres queridos.

Dentro de las teorías psicológicas, la psicoanalítica presupone la existencia de conflictos psicológicos subyacentes e inconscientes para la persona. La angustia sería la señal de alarma ante tensiones internas no resueltas. Cuando un impulso inaceptable para la persona consciente trata de aflorar, la angustia pondría en marcha algunos mecanismos de defensa para mantenerlo controlado. Cuando estos mecanismos fallan, la angustia invadiría la existencia de la persona. Existirían diferentes tipos de angustia dependiendo del tipo de conflicto latente y que requerirá de un abordaje muy cuidadoso para que la persona pueda manejarlo de la mejor forma. No existen suficientes ensayos clínicos de calidad suficientemente contrastados como para defender totalmente la exactitud de estas teorías; sin embargo, es innegable que desde su aparición, el psicoanálisis ayuda al mejor conocimiento y atención de aquellos conflictos que puede presentar una persona con este trastorno.

El conductismo supone que la ansiedad es el resultado de un proceso de aprendizaje condicionado. Según este punto de vista, la persona ha aprendido a reaccionar con miedo ante estímulos ambientales o internos que normalmente no desencadenarían esta respuesta. Algunas conductas, como por ejemplo la evitación de la situación temida, llegan a "mejorar" en algo el problema por lo que producen un cierto placer secundario. Este "placer" (disminución de la tensión) actuaría entonces como refuerzo de esa conducta, por lo que ésta tiende a perpetuarse automáticamente. Más allá de lo acertado o no de su base teórica, los tratamientos conductuales han demostrado su eficacia a corto plazo sobre todo en el tratamiento de la agorafobia.

En la teoría cognitiva, la ansiedad es el resultado de "cogniciones" (pensamientos o representaciones mentales) patológicos. La persona evaluaría las situaciones que le rodean o sus propios estímulos internos sacando conclusiones "defectuosas", que determinarán un tipo de respuestas o conductas desproporcionadas o inadecuadas. En el caso de la angustia, el paciente tendería a sobreestimar el grado de peligro, ya sea interno o externo, así como devalúa sus propias capacidades personales para enfrentarlo. Un ejemplo típico sería la aparición de una crisis de angustia tras pequeñas molestias corporales que la persona interpreta como el anuncio inminente de la propia crisis, de ahí la importancia de enseñar al paciente a desviar su atención de estos pequeños síntomas, así como intentar aumentar la autoconfianza en sus propios recursos.

Por último, es importante señalar algunas de las contribuciones de lo que se conoce como "teoría de la crisis" (en este caso en referencia a las llamadas "crisis vitales", no a las crisis de ansiedad en particular"). Desde este punto de vista, que no necesariamente implica la adhesión a un modelo causal determinado, se parte de la idea de que el proceso madurativo del ser humano viene marcado por una serie de situaciones de crisis, generalmente originadas en lo que se denominan "sucesos vitales" (circunstancias que ocurren en la vida de una persona, desequilibrando su existencia). Unas serán naturales como la adolescencia o la menopausia, mientras que otras serán accidentales, como una enfermedad o fallecimiento de un ser querido. En estas crisis, el individuo pondrá a prueba sus recursos personales y una vez superada, en la mayoría de los casos, saldrá más fortalecido de ella, favoreciéndose así el proceso madurativo. También es posible que si la resolución de la crisis no es adecuada, la persona quede marcada de alguna forma para el futuro, debilitándose sus capacidades adaptativas ante nuevas situaciones de tensión. Por este motivo, además de ayudar a superar los síntomas más agudos de malestar psicológico, se intenta que la persona busque posibles situaciones externas, que a veces incluso pueden pasar desapercibidas, para animarle a enfrentarlas y dar una solución operativa a largo plazo, ya que se supone que los síntomas no son más que reflejo de un período de inestabilidad emocional, originados por una multiplicidad de causas. Si estas causas no son tenidas en cuenta, es muy posible que la resolución sintomatológica no se acompañe de un proceso adaptativo adecuado.

Desde este último punto de vista, así como desde algunos de los presupuestos teóricos anteriores, resulta evidente aconsejar la mayor atención no sólo de los síntomas presentes sino también de posibles conflictos, actuales o históricos, que estén influyendo en la vida de la persona.

En la siguiente figura, se presenta un esquema simplificado de las posibles causas que conducen al trastorno de angustia, así como algunas de sus posibles consecuencias.

No podemos terminar este apartado sin alertar de los riesgos derivados de la búsqueda de explicaciones causales únicas y concretas, que inevitablemente sitúan al individuo en posturas "exclusivistas". Por ejemplo, si nos adherimos estrictamente a un modelo causal de tipo psicológico, la medicación será percibida como algo inútil, sino peligroso o contraproducente. De la misma forma, un modelo estrictamente biológico conlleva el riesgo de favorecer en el individuo conductas de enfermo pasivo, descuidando de esta forma otras circunstancias externas socio-familiares o personales.

18. ¿ES HEREDITARIO?

La influencia de la herencia no es clara en estos momentos. Entre los pacientes con este trastorno se ha encontrado un mayor número de parientes de primer grado con trastornos similares u otros como la depresión o el alcoholismo, existiendo indicios de un posible papel hereditario que aún está siendo estudiado. Esta mayor ocurrencia familiar hace que en ocasiones los pacientes reconozcan sus síntomas en los que ya tuvo hace tiempo un familiar. Si ese familiar estaba gravemente afectado o presentaba además otra problemática diferente que es confundida por el paciente, pueden despertarse fuertes temores ante la posibilidad de evolucionar como el pariente aquejado por el problema. La mejor forma de tranquilizar estos temores puede venir de la existencia actual de tratamientos eficaces que pueden controlar el trastorno, así como de las diferentes evoluciones observables en cada persona, no sólo justificadas en la gravedad de los síntomas sino en las propias características personales de afrontamiento del problema.

En otras ocasiones el mismo tipo de temores se dirigen en sentido inverso y más concretamente hacia el futuro de los propios hijos. Merece la pena señalar desde un punto de vista preventivo que, en ocasiones y a pesar de los esfuerzos de los padres por evitarlo, las alteraciones y modificaciones de la personalidad que conlleva el trastorno pueden influir en la crianza y desarrollo de los hijos más allá de los meros condicionantes genéticos. Por este motivo resulta altamente gratificante comprobar cómo se pueden mitigar algunas de las tensiones, limitaciones o hiperprotección en los hijos, mediante pequeños esfuerzos de autocontrol de las ansiedades o temores desmedidos de los padres. Si se preocupa por la posibilidad de transmitir el trastorno a su descendencia, tenga en cuenta que si bien no le va a ser posible modificar su herencia genética, sin embargo, sí es posible mejorar su estado y que sin duda esto tendrá importantes repercusiones benéficas en su ambiente familiar.

Dedique un tiempo a pensar en qué sentido está afectando este trastorno en sus relaciones familiares. La autocrítica debe ser constructiva y en todo caso dirigido al mejor autocontrol y dominio personal. Recuerde que los sentimientos de culpa por no hacer bien las cosas, pueden ser paralizantes y empeorar la situación.

19. ¿SON MIS SÍNTOMAS INDEPENDIENTES DE LAS CIRCUNSTANCIAS QUE ME RODEAN?

En muchas ocasiones parecen no existir motivos aparentes para que una persona presente síntomas de angustia en un momento dado. Pero si se profundiza algo, no es raro que se encuentren algunas circunstancias de la vida que están pasando desapercibidas a pesar de estar generando una importante tensión en la persona. Muchas de esas circunstancias, sin llegar a ser dramáticas, serán de tipo negativo, como pueden ser relaciones familiares parcialmente insatisfactorias, dificultades laborales o interpersonales, pérdidas de seres queridos, etc. Otras pueden ser incluso positivas, como el nacimiento de un hijo, que sin embargo aumenta las responsabilidades y limita la autonomía y movilidad personal. Sean los posibles motivos que sean, es conveniente que recapacite sinceramente sobre su momento vital en busca de ellos. Ponga todo su esfuerzo en la resolución de posibles problemas. Por impotente que se sienta para su solución, siempre hay algo que se puede hacer, aunque sea de forma parcial. En cualquier caso, siempre será mejor que utilizar la técnica del avestruz, escondiendo la cabeza para no ver los problemas.

Hable de sus problemas y dificultades con los demás, pida opiniones y asesórese ante posibles formas y recursos disponibles para enfrentar las dificultades que tenga. Escuche cómo lo han hecho los demás. En caso que las circunstancias vitales por las que está atravesando sean de una magnitud importante y que Vd. se sienta en crisis, ponga todas sus energías en la búsqueda de soluciones, pero tenga en cuenta que no es conveniente tomar decisiones importantes en momentos de crisis, sobre todo si estas decisiones no están directamente relacionadas con el problema que le atormenta. En situaciones de crisis, la capacidad de decisión puede estar disminuida al estar alteradas algunas funciones mentales como la concentración, atención o juicio crítico. Además, el propio estado emocional de ese momento puede teñir esas decisiones. Por estos motivos, una opción decisiva tomada en esta situación puede no haber sido valorada en todas sus consecuencias futuras o estar mediatizada por deseos inconscientes de cambio, reparación o venganza con consecuencias desastrosas.

20. ¿SOMOS LAS PERSONAS CON ESTOS SÍNTOMAS MÁS "DÉBILES" QUE LOS DEMÁS?

En muchas ocasiones, la persona que sufre desajustes agorafóbicos, o quizás sus familiares o amigos, pueden preguntarse si estos síntomas no son más que reflejo de cierta debilidad de carácter o personalidad, suponiendo que simplemente son debidos a falta de voluntad para su superación. Esto sin duda, no es así. La persona con un trastorno de angustia presenta sus dificultades en relación directa con los síntomas, no implicando necesariamente un trastorno de personalidad previo. De esta forma, las crisis de pánico pueden aparecer en una multiplicidad de individuos, independientemente de que anteriormente se hayan mostrado como inseguros o muy seguros de sí mismos, habiendo sido descrito incluso en importantes personalidades históricas. Sin embargo, y a pesar de que el trastorno no implica necesariamente falta de voluntad, sí es muy importante que la persona que lo sufre no se abandone a la desesperación e impotencia, ya que todos los esfuerzos que realice para su superación sin duda que serán muy beneficiosos, sobre todo a la hora de enfrentar los temores a estar sólo o fuera de casa.

Trato de recordar y analizar cómo era mi vida antes de todo esto. Mis estudios iban bien, tenía mis amigos y amigas, mi enamorado, trabaja en un laboratorio, podía decir que podía invitar a mis amigas a un buen restaurante... Una de mis luchas era estar saludable, me desconcierta que antes de que empezaran los ataques tenía muy buena condición física, practicaba aeróbic, natación y realizaba constantes campamentos, debido a mi carrera, que era muy exigentes (subir grandes alturas con mochila, grandes caminatas en la sierra, etc.) de lo que no me arrepiento. Lo pasé muy bien y conocí lugares inimaginablemente bellos alejados de la ciudad.

En fin, no me siento mal porque todo haya cambiado, tal vez me ha ayudado a apreciarme y apreciar lo que tengo a mi lado, mi familia y los verdaderos amigos, una vida disciplinada, grandes tesoros como mi perrita que me impulsa cada mañana a salir de casa y caminar, a ver las cosas desde otras perspectiva, a saber que soy valiente y luchar hasta para divertirme aunque a veces el miedo me consuma. Sé que hay muchas asperezas que limar, pero sobre todo malos recuerdos que olvidar y levantarse con una sonrisa cada mañana, aunque a veces uno quiere llorar a mares.

Isabel, 36 años.

21. ¿PUEDO ACABAR CON UNA ENFERMEDAD FÍSICA GRAVE O MORIR POR ESTE TRASTORNO?

Una persona con trastorno de angustia puede lógicamente desarrollar otras enfermedades físicas de mayor o menor importancia como el resto de la población, pero no tienen por qué ser consecuencia directa del propio trastorno. Alguno de los temores más frecuentes es la posible muerte por enfermedad del corazón. En relación con el corazón tenemos que recordar una vez más que en general su exploración es normal. Ocasionalmente se encuentra una pequeña alteración de una de sus válvulas (prolapso de la válvula mitral). Esta alteración aparece también entre la población general, aunque con menor frecuencia. Se han dado dos explicaciones posibles para justificar el mayor número de hallazgos entre personas con trastorno de angustia: a) son explorados con más frecuencia e intensidad que la población general y por lo tanto existen más posibilidades de encontrarlo; y b) aunque generalmente el prolapso de la válvula mitral es una alteración benigna que no requiere tratamientos especiales, es posible que en caso de generar pequeños síntomas o molestias estos lleguen a desencadenar la crisis de pánico en aquellas personas predispuestas.

En otros casos, pueden existir extrasístoles aisladas que usualmente aparecen como arritmias "benignas" (de origen supraventricular o ventricular), pero que alarman mucho a la persona que las siente. Si después de una evaluación cardíaca, se determina que las "palpitaciones" son benignas y no hay enfermedad del corazón, no es necesario tratamiento alguno, no existiendo un riesgo evidente para la persona. Para la mayoría, esto suele ser suficiente para tranquilizarse, pero en ocasiones hay pacientes a los que resulta muy difícil convencer y prosiguen en su demanda de exploraciones, que lógicamente resultan ineficaces.

Sin embargo si puede existir un mayor riesgo de enfermedad cardíaca pero no en relación directa con las crisis, sino con el estilo de vida adoptado como puede ser el sedentarismo consecuente a no salir de casa o por el intento de evitar posibles crisis producidas por el ejercicio, así como por el alto consumo de cigarrillos, alcohol y dietas pobres. En opinión de los cardiólogos, con una exploración cardíaca normal y sin otras enfermedades, ocúpese de su corazón como el resto de personas (hábitos de vida, dieta, ejercicio...) e intente tranquilizarse, ya que no es probable que "en una de estas se me pare", ni "esta opresión o estos pinchacitos" quieren decir que su corazón esté enfermo.

En julio del año pasado, me levanté de mi cama a media noche con palpitaciones. Asustado me fui a urgencias de un hospital. Me ingresaron para tenerme en observación. Me dijeron que tuve una arritmia supra ventricular, no le dieron importancia y me enviaron a casa con un tranquilizante. Ya había tenido algunas palpitaciones antes, quizás 2 ó 4 veces en mi vida, pero nunca me habían preocupado. Ahora, cuando menos lo espero, tengo palpitaciones, punzadas y como pequeños saltos en el corazón. Son muy desagradables y es entonces cuando pienso que me moriré o que tengo una enfermedad del corazón. Esto me obsesiona. ¡Lo único que quiero saber es que no me pasará nada!

Fernando, 28 años.

Este es otro de los temores más frecuentes, aunque es muy improbable que suceda así. Es verdad que la crisis de pánico puede ocurrir en personas aquejadas de otras enfermedades psiquiátricas más devastadoras, sin embargo en este caso la sintomatología predominante es otra claramente reconocible. En general y fuera del momento agudo de la crisis el paciente es totalmente consciente de sus actos, siendo capaz de juzgar de forma razonada a pesar de reconocer que muchas de sus conductas puedan parecer desproporcionadas o sin sentido. De esta forma, el riesgo de ingreso psiquiátrico por esta causa es muy escaso.

En aquellos casos que no evolucionan suficientemente bien, puede ser posible que con el tiempo aparezcan otros trastornos psiquiátricos como la depresión, ansiedad generalizada o abuso y dependencia de tóxicos. Estas situaciones requerirán atención y tratamiento de forma añadida.

El suicidio es un desenlace muy raro en este trastorno. Se ha pensado que estas actuaciones iban acompañadas de estados depresivos importantes o alcoholismo, pero parece ser que no son condiciones indispensables, especulándose que una mala calidad de vida (mala salud, disfunción social y laboral, dependencia financiera, etc.) pueden ser motivos añadidos para tomar esta decisión. De aquí una razón más para el tratamiento y apoyo adecuado a este tipo de problemática y trastornos asociados. Tenga en cuenta por otra parte que las ganas de desaparecer, dormirse y no despertar e incluso las meras ideas de suicidio no implican un altísimo riesgo en este sentido. Generalmente estos pensamientos son muy frecuentes en las personas que pasan una mala racha. A pesar de ello pueden ser muy amenazadoras y angustiosas, por este motivo el mejor consejo es que la persona no guarde estas ideas para ella misma, no debiendo temer el comentarlas abiertamente con su médico o alguna persona de confianza.

23. ¿SE PUEDE AFECTAR MI SEXUALIDAD?

La sexualidad puede verse afectada por diferentes motivos. Debido al propio estado anímico y de preocupación mantenida no es infrecuente que la persona vea disminuido su interés o capacidad de disfrutar con estas relaciones, lo mismo que ocurre con el resto de "apetitos" humanos (alimentación, intereses personales...). Por una razón similar, no es de extrañar que en un reciente estudio realizado en España sobre 1253 pacientes deprimidos, aproximadamente un 80 % refiera dificultades en este terreno (Proyecto Disorder, 1998)

En algunos casos, incluso hay personas que conscientes de la activación que se produce durante la relación (aumento de la frecuencia cardíaca y respiratoria) evitan tener relaciones por temor a que estas precipiten una crisis de ansiedad. Además, algunos fármacos, generalmente antidepresivos, pueden tener efectos inhibidores sobre el impulso sexual o sobre la capacidad de sentir placer.

Dado que la sexualidad tiene un componente fundamental de relación y compañerismo con la pareja, estas dificultades no solo llegan a inquietar al propio individuo por él mismo, sino que en muchas ocasiones son una fuente de tensión añadida al imaginar que la relación con la pareja pueda resentirse o que esta acabe distanciándose al no sentirse suficientemente satisfecha.

En general esta situación revertirá en la medida que mejora el resto de los síntomas, aunque puede pasar un cierto tiempo mientras se normaliza. En el apartado 9.15 encontrará algunos consejos relacionados con este tema.

24. ¿QUÉ OTRAS CONSECUENCIAS PUEDE TENER?

Desde un punto de vista corporal no existe un riesgo marcado de enfermar o morir por el trastorno de angustia. Sin embargo, puede haber una disminución importante en la calidad de vida de la persona. Se ha dicho que los ataques de pánico son una de las experiencias desagradables más intensas que puede sufrir un individuo, viviendo aterrorizado ante el miedo a que se repitan. Las conductas de evitación de lugares y situaciones van limitando en gran medida sus movimientos, pudiendo quedar dependiente de otras personas para desplazamientos mínimos.

Además y progresivamente puede desarrollarse cierta alteración de la personalidad previa, dando muestras de ansiedad mantenida ante situaciones más o menos normales. De igual forma, la persona puede mostrarse aprensiva ante la menor dificultad de la vida, preocupándose excesivamente por la salud de sus seres queridos o no soportando su separación. De esta forma, un síntoma banal como un dolor de cabeza en uno mismo o un familiar pasa a ser el primer signo de un posible tumor cerebral o una salida de casa o retraso de un hijo conllevaría indefectiblemente una catástrofe para él.

El convencimiento de sufrir importantes padecimientos físicos puede acarrear múltiples faltas al trabajo por visitas médicas, además de períodos de baja laboral. Por otra parte, la desvalorización y pérdida de confianza en sí mismo hacen que disminuya el rendimiento laboral, lo que puede acarrear la pérdida del trabajo.

La depresión se asocia con mucha frecuencia al trastorno de angustia, bien sea de forma independiente pero sobre todo como consecuencia de las limitaciones percibidas por la persona. Existen además otros problemas de tipo psiquiátrico que pueden coexistir con este trastorno, teniendo que llamar la atención especialmente sobre el mayor riesgo de abuso de tóxicos (pastillas, bebidas alcohólicas...) como forma de calmar la angustia.

25. ¿PARA QUE SIRVEN LOS MEDICAMENTOS EN EL TRASTORNO DE ANGUSTIA?

Básicamente su función consiste en controlar la aparición de las crisis de angustia o en todo caso disminuir su intensidad o frecuencia. Además, pueden ser de utilidad en la mejora de otros síntomas asociados como pueden ser la ansiedad generalizada, la depresión o el insomnio. De forma secundaria también pueden ayudar en otros aspectos como puede ser la agorafobia. En este caso no porque el medicamento actúe específicamente sobre ella, sino porque, al controlarse las crisis y disminuir la ansiedad, puede aumentar la autoconfianza de la persona y favorecer el enfrentamiento de sus dificultades.

26. ¿QUÉ MEDICAMENTOS SON LOS APROPIADOS?

El grupo de fármacos más utilizados son los tranquilizantes o ansiolíticos junto a los antidepresivos. Estos últimos no sólo porque a veces es necesario tratar un estado depresivo asociado, sino porque en sí mismos tienen un efecto demostrado en el control de las propias crisis. En el caso de existir insomnio, puede que se recete un hipnótico o inductor del sueño durante un período limitado, aunque, si se han recetado tranquilizantes, generalmente suele ser suficiente aumentar únicamente la dosis de la noche, ya que este mismo tiene el efecto de una "pastilla para dormir".

El tratamiento de elección vendrá dado según el criterio de su médico, en base a sus características personales y síntomas predominantes. Puede que de entrada se le recete exclusivamente un tranquilizante o un antidepresivo, o bien que estos dos fármacos se asocien desde un principio. Existen además otras medicaciones que también pueden ser utilizadas en caso de no ser suficientes las anteriores.

27. ¿QUÉ PRECAUCIONES TENGO QUE TOMAR SI INICIO UN TRATAMIENTO FARMACOLÓGICO?

La primera y fundamental es no modificar o suprimir la dosis recomendada sin consultar previamente con su médico. Estos medicamentos, en general, son bien conocidos y la experiencia acumulada con su uso es muy amplia. Aunque son fármacos utilizados fundamentalmente por los psiquiatras, su médico de familia está capacitado para su manejo adecuado. Tanto unos como otros podrán aclarar sus dudas y guiarle en su tratamiento. El consejo anterior sirve tanto en el caso de que le hayan recetado tranquilizantes o antidepresivos, debiendo tener en cuenta además que pueden ser necesarias a veces varias semanas para lograr el beneficio máximo del medicamento. No suprima de forma prematura la medicación pensando que no le está haciendo ningún efecto.

Deberá poner cierto cuidado en no consumir alcohol durante el tratamiento, así como extremar las precauciones en caso de conducir o manejar máquinas peligrosas, ya que aunque no lo note, sus reflejos pueden estar ligeramente disminuidos. Como con la mayoría de fármacos, estos medicamentos deben evitarse en lo posible durante el embarazo, sobre todo durante los primeros meses de gestación. Aun así, algunos de ellos no están totalmente contraindicados y en ocasiones puntuales los beneficios pueden superar a los posibles riesgos.

28. ¿QUÉ HE DE TENER EN CUENTA SI ME RECETAN PASTILLAS PARA DORMIR?

Las "pastillas para dormir" pueden ser un medicamento apropiado en caso de que el sueño se vea alterado. Sin embargo es importante tener en cuenta los siguientes consejos:

1. Si ya se están tomando tranquilizantes para el trastorno de angustia puede ser suficiente aumentar la dosis de la noche para conseguir mejorar el

sueño, sin necesidad de otra medicación diferente.

2. Si se añade una medicación para dormir, posiblemente potenciará los efectos de la que ya viene tomando.

3. Se recomienda que el tratamiento farmacológico del insomnio se realice por períodos cortos, bastando generalmente de 2 a 4 semanas para ello. Es preferible retomar el tratamiento más adelante si fuera necesario que mantenerlo de forma prolongada.

4. Tenga especial cuidado si se levanta por la noche, ya que podría tropezarse al encontrarse bajo los efectos de la medicación. Este cuidado también debe extremarse al levantarse, ya que en algunas personas todavía persiste cierta somnolencia. En cualquier caso nunca se levante "de golpe" de la cama, sino que debe hacerlo lentamente para permitir adaptarse a su organismo.

5. No consuma bebidas alcohólicas y ponga especial cuidado al conducir o manejar máquinas peligrosas.

6. De igual forma que con los tranquilizantes, no deje las pastillas para dormir de repente si las lleva tomando durante un largo período de tiempo. Disminuya progresivamente la dosis de acuerdo con su médico.

7. Si ve que no consigue dormir no se desespere. Tome la medicación sólo si es necesario.

8. Lea con detenimiento y aplique los consejos que se dan más adelante en el apartado 9.4 relativo al sueño.

29. ¿TIENEN ESTOS MEDICAMENTOS UN ALTO RIESGO DE EFECTOS SECUNDARIOS?

Como con cualquier fármaco, existen una serie de efectos secundarios, interacciones y contraindicaciones que no podemos reflejar en este manual con la suficiente profundidad. Por esto, es muy importante que lea con detenimiento la información que viene incluida en cada envase del fármaco que vaya a tomar y sobre todo que consulte con su médico cualquier duda que pudiera surgirle, así como le comunique cualquier otra medicación que toma en esos momentos. Con un ajuste progresivo de la dosis, estos tratamientos son bien tolerados en general.

Tenga en cuenta que los prospectos que vienen en el envase de los medicamentos no se ponen ahí para asustarle. Tampoco es lógico pensar que todos los efectos secundarios reflejados ocurren con frecuencia o a todo el mundo. Su objetivo es darle una información lo más veraz posible, ayudarle en la cumplimentación de la pauta prescrita, así como alertarle ante posibles efectos secundarios para que pueda contrastarlos con su médico. Aunque algunos de estos efectos indeseables puedan sonarle de forma terrorífica, la abrumadora mayoría de las veces no tienen por que ocurrir o en todo caso se tratan de pequeñas molestias algo incómodas al principio del tratamiento y que no entrañan un grave riesgo para su salud, desapareciendo al disminuir o suspender la dosis.

Muchos de nosotros tememos a las consecuencias adversas de la medicación (hábito, dependencia orgánica y psicológica, acaso disfunciones sexuales, etc.), pero no creo que convivir con varias crisis de pánico diarias sea un panorama mucho mas atractivo. No pretendo convencer a nadie de nada, sólo presento una experiencia personal, que tal vez dé lugar a opiniones cruzadas. No es mi deseo ser esclavo del pánico por el resto de mi vida, y si el precio a pagar son los posibles efectos indeseables de la medicación, personalmente estoy dispuesto a correr el riesgo. Frente a la calidad de vida que nos propone la enfermedad que padecemos, no creo que tengamos otra posibilidad que echar mano de todos los recursos de los que actualmente disponemos para mejorar en todo aquello que nos sea posible (farmacoterapia, psicoterapia, grupos de soporte, técnicas de autoayuda, etc.).

Alberto, 40 años.

30. ¿QUÉ ES LA DEPENDENCIA?

Existen dos tipos de dependencia, la física y la psicológica.

La dependencia física es un estado del organismo en el cual se necesita y busca el fármaco, a veces en dosis mayores, no ya para controlar los síntomas por los que se empezó a tomar, sino simplemente porque "el cuerpo lo necesita" para encontrarse bien. Este tipo de dependencia puede aparecer con el consumo mantenido de algunos medicamentos, siendo más frecuente su desarrollo con el uso prolongado de tranquilizantes. La dependencia, con necesidad imperiosa del medicamento y aumento progresivo de la dosis, es más improbable en el caso de los antidepresivos. De cualquier forma, siempre resulta prudente que en el momento de reducir las dosis se hagan de forma gradual y escalonada, tanto para evitar fenómenos de abstinencia como para permitir que su organismo se vaya adaptando y evitar la aparición de un síndrome de discontinuación. Este síndrome puede darse en personas que han tomado antidepresivos (algunos más que otros) durante una temporada y los suspenden de forma brusca (abandonos, olvidos...). En horas o días pueden aparecer una serie de síntomas de malestar general e incremento de la ansiedad que pueden ser confundidos con una recaída y no atribuirse a la falta brusca de medicación, con lo que pueden verse reforzados los temores de la persona y entonces no atreverse posteriormente a suspender el tratamiento. En cualquier caso, la reducción deber ser progresiva, controlada por su médico y nunca deber precipitarse ante el temor de desarrollar una dependencia, ya que en ese caso se correría un mayor riesgo de recaída de la enfermedad.

Incluso tras un período muy prolongado tomando una medicación de este tipo, la disminución de la dosis es relativamente fácil si la reducción se hace de forma cuidadosa y gradual. En caso de notarse un ligero aumento de la ansiedad, no se alarme, ya que suele tratarse de un fenómeno normal de duración limitada que no significa que vaya a recaer o aparecer un síndrome de abstinencia. Puede ayudarse a superar esta situación con alguna infusión como la tila o valeriana, de las que tampoco debe abusar.

La dependencia psicológica hace referencia a la necesidad subjetiva de la medicación, no por el riesgo de aparición de un síndrome de abstinencia, sino por el propio temor a no encontrarse bien si no se dispone de la medicación. Por este motivo la persona no se atreve a separarse de sus pastillas, vaya a donde vaya, no siendo infrecuente que la persona guarde pequeñas reservas en bolsillos, bolsos y maletas como forma de asegurarse que nunca le falten.

31. ¿QUÉ ES LA TOLERANCIA?

Básicamente es la necesidad de dosis cada vez más elevadas para conseguir el mismo efecto. De igual manera que la dependencia, la tolerancia es un fenómeno que se da principalmente con los tranquilizantes y no con los antidepresivos. Por este motivo, una vez estabilizado el cuadro se suele reducir en lo posible la cantidad de medicación diaria al mínimo suficiente. Pero por otra parte, tampoco es aconsejable precipitar una rápida disminución de la dosis, ya que entonces puede aumentarse el riesgo de recaídas.

Mantener sin necesidad las mismas dosis que en el período agudo de tratamiento por temor a una recaída, sobre todo si estas son altas, puede hacer que cada vez sean necesarias dosis mayores en caso de empeoramiento, además de aumentar el riesgo de dependencia. En el caso de los antidepresivos, suele ser más frecuente mantener una dosis similar a la del inicio durante todo el tratamiento. De cualquier forma, estudios fiables señalan que no es frecuente desarrollar tolerancia a los efectos antipánico de los tranquilizantes, no siendo necesario normalmente incrementar la dosis de mantenimiento cuando el tratamiento es a largo plazo.

32. ¿CUÁNTO TIEMPO TARDA EN HACER EFECTO EL TRATAMIENTO?

Los tranquilizantes y antidepresivos tienen tiempos diferentes para iniciar su acción.

En general, los antidepresivos necesitan un tiempo mayor para empezar a actuar y alcanzar su efecto máximo. Es lo que se denomina "período de latencia". Este tiempo puede variar entre un tipo y otro de fármacos, oscilando entre unos 10 días a unas semanas. Por este motivo es muy importante que no se impaciente, buscando un efecto total e inmediato con la medicación. Si al principio no se consigue controlar todos sus síntomas de forma satisfactoria, confíe en que con el paso de los días este objetivo puede ser posible. No deje nunca un tratamiento por este motivo sin consultar antes con su médico. Tenga en cuenta además que la medicación puede ser conveniente que se paute en dosis bajas al principio, para que su organismo se vaya acostumbrando y reducir así al mínimo el riesgo de efectos secundarios desagradables. Si ve que su mejoría no se alcanza con la velocidad que desearía y que su médico sigue subiéndole la dosis de medicación, no piense que está más grave de lo que se pensaba, simplemente puede tratarse de que el tratamiento se está incrementando de forma adecuada para evitar efectos secundarios y que todavía se necesita un poco más de tiempo para valorar sus resultados.

Los tranquilizantes suelen tener una mayor rapidez de acción en el control de los síntomas de ansiedad cuando se inicia un tratamiento. Por este motivo, en muchas ocasiones se suelen recetar junto al antidepresivo para ayudar mejor al paciente en las primeras semanas del tratamiento. Posteriormente, una vez controlada la sintomatología mayor, puede ensayarse la retirada progresiva de los tranquilizantes, muy poco a poco y de forma cuidadosa por su mayor riesgo de dependencia.

No olvide que en ocasiones puede estar indicado mantener ambos tratamientos hasta el final, o bien utilizar únicamente sólo uno de ellos desde un principio.

33. ¿QUÉ PASA SI EL TRATAMIENTO NO FUNCIONA?

Si pasado un mínimo de 8 a 12 semanas no se consigue controlar de forma mínimamente satisfactoria la sintomatología, lo primero que hará su médico es interrogarle acerca del cumplimiento puntual del tratamiento, ya que una gran parte de los fracasos son debidos a un mal seguimiento o abandonos de la medicación. Es muy importante que siga rigurosamente la pauta recetada. Si este no es su caso, o bien han aparecido efectos secundarios que aconsejan la suspensión del tratamiento, no se desanime, afortunadamente existen otros muchos medicamentos que pueden ensayarse de forma alternativa. El que un grupo farmacológico no funcione, no quiere decir que los otros existentes no vayan a hacerlo. Recuerde además, que mientras tanto, puede seguir haciendo mucho por Vd. mismo si sigue algunos de los consejos de este manual.

34. ¿CUÁNTO TIEMPO PUEDE DURAR EL TRATAMIENTO?

Dar una respuesta general a esta pregunta resulta difícil, ya que el tiempo necesario varía de persona a persona.

Aunque en algunas ocasiones pueden ser suficientes unos pocos meses de tratamiento tras haberse conseguido el control de los síntomas, un enfoque preventivo aconseja mantenerlo al menos de 8 a 12 meses para evitar recaídas y reforzar la autoconfianza de la persona. En otros casos de más larga evolución y donde las recaídas pueden ser frecuentes, el tratamiento puede mantenerse durante más tiempo.

En cualquier caso no pretenda acelerar la retirada de la medicación porque considere que "ya está mejor". Discuta siempre sus dudas con el médico y recuerde que nunca deberá suspender de golpe y por su cuenta un tratamiento.

35. ¿ES SUFICIENTE EL TRATAMIENTO FARMACOLÓGICO PARA LA SUPERACIÓN DEL TRASTORNO DE ANGUSTIA?

Aunque para un grupo de personas puede ser relativamente suficiente el tratamiento farmacológico, es evidente que en general este tratamiento se beneficia y complementa con una gran variedad de técnicas y tratamientos de tipo psicológico. Algunas de ellas son técnicas que la persona puede aprender y utilizar tanto en las situaciones de crisis como en otros momentos. Otros tratamientos requerirán la participación de diversos profesionales.

Como parece lógico, la persona afectada desea como primera medida mejorar su sintomatología más aguda e incapacitante, por lo que algunos tratamientos irán dirigidos a este objetivo exclusivamente. Pero además merece la pena considerar si la persona pudiera beneficiarse de un abordaje más amplio que le permitiera enfrentar otras dificultades de personalidad o de tipo psicosocial que pudieran estar actuando sobre ella.

36. ¿QUÉ TIPO DE AYUDA PROFESIONAL PUEDO BUSCAR?

A pesar de que existen muchas cosas que podrá hacer por Vd. mismo, muchas de las técnicas apuntadas en el apartado anterior habrán de ser dirigidas por un profesional. Muy posiblemente el tratamiento habrá sido iniciado por su médico de familia o psiquiatra (médico especialista en enfermedades de la mente), pudiendo participar con él otros profesionales no médicos como psicólogos o personal de enfermería. La mayoría de las veces las intervenciones posibles estarán igualmente condicionadas por los recursos públicos disponibles, por lo que quizás Vd. mismo quiera ampliarlos de forma privada con otro tipo de psicoterapia, o buscar el apoyo en un grupo de autoayuda.

37. ¿QUÉ ES LA PSICOTERAPIA?

El término psicoterapia se refiere a los tratamientos en que se utilizan técnicas psicológicas, fundamentalmente a través de la palabra. En el trastorno de angustia, ya sea para tratar la sintomatología principal u otras condiciones asociadas, han demostrado su utilidad las psicoterapias de apoyo, cognitivo-conductual y psicodinámica o psicoanalítica. La mayor parte de estos abordajes pueden realizarse de forma individual o en grupo y, ocasionalmente, pueden estar indicadas algunas intervenciones de tipo familiar o de pareja.

38. ¿QUÉ ES LA PSICOTERAPIA DE BASE PSICOANALÍTICA?

También llamada psicoterapia psicodinámica. Es toda aquella psicoterapia que se fundamenta teórica y técnicamente en el trabajo de Freud y de sus discípulos. De utilidad en el trastorno por ansiedad generalizada y menor efectividad ante las crisis de angustia agudas, básicamente su objetivo sería hacer conscientes los conflictos inconscientes que pueden estar influyendo en la vida de una persona. Para ello, el profesional alienta al paciente a asociar sus pensamientos de la forma más libre posible y de esta forma ir saltando de un tema a otro hasta ocasionalmente poder entender algunos de los significados inconscientes que un determinado hecho tienen para el paciente. Además, se analiza la relación existente entre el propio paciente y el profesional (trasferencia), ya que se presupone que en esta relación se podrán encontrar pistas acerca del tipo de relación que se establece con otras personas de importancia para el paciente. También es de gran importancia el análisis de las resistencias que muestra el paciente a la hora de profundizar en su mundo interno, así como de los mecanismos psicológicos de defensa utilizados para evitar los conflictos con el mundo exterior. Otro área importante de observación son los sueños, ya que a través de ellos, en muchas ocasiones, se puede entender mejor el inconsciente del individuo. De igual forma que sucede con los síntomas, los sueños contendrían cierto significado simbólico que hace referencia a los conflictos internos de las personas.

Dentro de las psicoterapias de orientación analítica se encuentra el psicoanálisis, con algunas variantes en su técnica de aplicación según las escuelas. En general, exige una frecuencia de sesiones semanales bastante elevada (entre 3 y 5) y se puede prolongar durante años. El paciente se tumba en un diván mientras el profesional permanece sentado tras él, en actitud neutral y primando la escucha más que sus propias intervenciones. Los consejos directivos o concretos son escasos.

A partir del psicoanálisis se han desarrollado toda otra serie de técnicas de orientación psicodinámica en las que el profesional, si bien se adhiere a los postulados teóricos del psicoanálisis clásico, se muestra más flexible en la técnica. El paciente se sienta cara a cara con el terapeuta, pueden pactarse un menor número de sesiones semanales, el profesional se muestra más activo, no combatiendo sistemáticamente las resistencias del paciente, sino buscando reforzar su yo consciente para resolver los síntomas más que los conflictos internos inconscientes. Una modalidad particular es la psicoterapia dinámica breve o focal, en la que el psicoterapeuta focalizando sobre la problemática concreta del paciente, mediante algunas hipótesis previas de trabajo y mostrándose muy activo en sus intervenciones, busca la solución rápida de los síntomas.

Todas ellas parten del supuesto de que la conducta y síntomas de la persona están determinadas no solo por su realidad actual, sino por las experiencias de su pasado. Estas experiencias pasadas pueden quedar "almacenadas" de forma inconsciente, conformando el carácter del individuo así como los síntomas de angustia. Descubrir esos conflictos ocultos sería el camino para ayudar al paciente a conocerse mejor y a manejar de forma más efectiva los mecanismos psicológicos que generaron los síntomas.

39. ¿QUÉ ES LA PSICOTERAPIA DE TIPO COGNITIVO?

De eficacia probada en algunos casos de depresión y originalmente desarrollada por Beck, este tipo de técnica se fundamenta en el supuesto de que las crisis de angustia, ya sean espontáneas o asociadas a un estímulo externo, surgen de una interpretación falsa y equivocada de tipo catastrófico de algunas sensaciones corporales que no son más que respuestas más o menos normales a la ansiedad. Por ejemplo, interpretar como un infarto inminente el aumento de la frecuencia del corazón o entender que ciertas dificultades respiratorias desembocarán sin duda en el ahogo o incluso la muerte por asfixia. Es decir, un estímulo corporal se asocia a un pensamiento (cognición) de forma automática, que puede adquirir la característica de un monólogo interno de carácter involuntario y que desemboca ineludiblemente en un resultado catastrófico.

Los estímulos externos como puede ser un supermercado o los internos como algunas sensaciones corporales, imágenes o pensamientos, se perciben con aprensión y miedo, lo que hace que aumente el nivel de ansiedad y aparezcan nuevas sensaciones corporales, que se interpretan como la confirmación e inminencia de la catástrofe, desencadenándose el ataque de pánico. Basándose en esta cadena de acontecimientos, se enseña al paciente a interrumpirla a través de una serie de pasos que implican el reconocimiento de los pensamientos y sensaciones corporales que van asociados con el ataque de angustia, para posteriormente mostrarle, por ejemplo, cómo la hiperventilación provoca esos mismos ataques y cómo automáticamente van asociados a la interpretación catastrofista. Además, pueden utilizarse técnicas de control de la respiración así como el desarrollo de otro tipo de pensamientos menos amenazantes y más adecuados como respuesta a los síntomas corporales.

Normalmente la técnica se inicia con la llamada "entrevista socrática", donde se evita el asesoramiento directo, los consejos moralizantes o los juicios de valor. La entrevista de tipo directivo se centra en hechos reales y acontecimientos concretos, intentando delimitar y detallar lo más posible el tipo de cogniciones (pensamientos) asociados a cada situación amenazante. El objetivo posterior pasa por la reestructuración cognitiva del paciente (reordenación de su pensamiento). Identificando el pensamiento negativo asociado al suceso, puede entonces analizarse hasta qué punto éste es inadecuado o exagerado, descubriendo sus efectos negativos sobre conductas y sentimientos. Una vez conseguido esto, se anima al paciente a considerar otras hipótesis menos amenazantes para explicar los síntomas.

40. ¿QUÉ ES UN TRATAMIENTO DE TIPO CONDUCTUAL?

Los tratamientos conductistas o de modificación de conducta presuponen que una determinada conducta puede entenderse como una respuesta condicionada a un estímulo. La base del tratamiento consistirá entonces en descondicionar algunas conductas del sujeto o bien condicionarle para el aprendizaje de otras formas de respuesta más adecuadas.

Estos tipos de tratamiento son muy directivos sin poner ningún énfasis sobre el mundo interno o historia de desarrollo personal del paciente. En el trastorno de angustia se utilizan distintos tipos de técnicas, útiles sobre todo en los síntomas fóbicos asociados.

- La desensibilización sistemática introducida por Wolpe y sustentada en el concepto de "inhibición recíproca". Es un tipo de descondicionamiento en el que se asocia una situación placentera e incompatible con la angustia, generalmente la relajación, con estímulos o pensamientos que en otra ocasión hayan generado ansiedad. El sujeto elabora una lista de estímulos de menor a mayor potencial de generación de ansiedad; luego, a lo largo de las sesiones de tratamiento y mientras se encuentra relajado, se le pide que vaya imaginando progresivamente esas situaciones. Si aparecen signos de intranquilidad se vuelve a la situación anterior para seguir con posterioridad una vez tranquilizado. De esta forma se contribuye a bloquear la ansiedad ante estos estímulos en la vida cotidiana. El tratamiento termina con la desensibilización con exposición en vivo, es decir, confrontando en la vida real la situación amenazante.

- Técnicas de inundación o implosión en las que se confronta al paciente durante un período de tiempo relativamente dilatado con la situación amenazante. Aparece entonces un alto nivel de angustia que poco a poco va cediendo por extinción o agotamiento.

En ambos casos parece que la eficacia de cualquiera de las dos se sustenta en último término en la exposición o enfrentamiento a la situación real y atemorizante.

41. ¿QUÉ ES LA PSICOTERAPIA DE APOYO?

En general es la técnica más empleada en el abordaje de estos casos, siendo de una gran utilidad sobre todo en cuadros agudos. En la mayoría de ocasiones no se reconoce una base teórica única en su aplicación, recurriendo a aspectos parciales de cada una de las anteriores escuelas de pensamiento en función de las necesidades particulares del caso. Por este motivo muchas veces se habla de orientación ecléctica en estos abordajes.

Resulta básico crear una atmósfera favorable propicia para una buena relación médico-enfermo, donde este último se sienta con la confianza suficiente para hablar libremente y sentirse escuchado. A partir de aquí pueden ofrecerse explicaciones así como se intenta clarificar el problema e identificar posibles conflictos asociados o latentes. Con la ayuda profesional se investigan posibles soluciones, haciendo especial hincapié en la realidad objetiva, saliendo al paso de posibles distorsiones de ella, así como se intentan reforzar las defensas del "ego" del paciente (los mecanismos psicológicos para defenderse de la ansiedad y adaptarse). Todo ello se acompaña de estímulos para incentivar el cambio personal en los estilos de vida más desadaptados. En muchas ocasiones se ofrecen sugerencias o consejos para tranquilizar o ayudar en las decisiones al paciente, no solamente en aspectos meramente personales sino también familiares o profesionales. El riesgo derivado de ello, y que se intenta evitar, sería generar una relación de dependencia extrema entre el paciente y el terapeuta.

En general, este tipo de psicoterapia suele asociarse a la prescripción y control de medicación psicotrópica, dependiendo la frecuencia de las sesiones tanto de las propias necesidades del paciente como de los recursos existentes en la propia clínica tratante.

42. ¿RESULTA DE UTILIDAD UN ABORDAJE DE FAMILIA O PAREJA?

Este tipo de tratamientos no son específicos o inevitablemente indicados en el trastorno de angustia. Sin embargo, sí puede resultar de interés que algún familiar directo conozca el trastorno e incluso ofrezca su colaboración para su mejor recuperación. En otras ocasiones, este familiar también puede ser candidato al apoyo a través de sugerencias y explicaciones ante las ocasionales tensiones que pueden surgir por las propias limitaciones y demandas del paciente. En el caso de que con el propio trastorno coexistan dificultades relacionales bien establecidas, pudiera estar indicado un tratamiento de familia o pareja dirigido a la mejor resolución de esa problemática.

43. ¿RESULTA DE UTILIDAD UN TRATAMIENTO EN GRUPO?

Los abordajes en grupo pueden tener diferentes objetivos, desde un carácter más o menos didáctico y de reforzamiento mutuo entre personas con la misma problemática, hasta la exploración de aspectos históricos y psicológicos personales y formas de relación interpersonal.

En muchas ocasiones los tratamientos en grupo no son bien aceptados de entrada, ya que en general en momentos de mayor inseguridad personal tendemos a encontrarnos más cómodos y confiados en la relación unipersonal. Además existen otras razones, que bajo la excusa de la vergüenza o timidez, temor a la falta de confidencialidad o miedo a ser abrumado por los síntomas de otros pacientes, hacen que muchas personas desestimen esta posibilidad. Sin embargo, los tratamientos grupales no solo ofrecen una alternativa más económica y de calidad, sino que aportan características específicas que no encontramos en los tratamientos individuales. De esta forma, la posibilidad de poner en perspectiva los propios problemas, recibir y ofrecer apoyo mutuo, comprobar otras maneras de afrontar el problema, así como la existencia de mejorías esperanzadoras en otras personas, o poder explorar en un entorno confiable las formas de relación interpersonal, son todas ellas ventajas añadidas que son posibilitadas por el encuadre grupal.

Este tipo de tratamientos pueden estar además especialmente indicados en aquellas personas con ciertas dificultades de relación interpersonal, permitiéndoles confrontar y analizar muchos de sus temores fóbicos al contacto social.

44. ¿QUÉ PUEDO APLICAR O UTILIZAR POR MI MISMO/A?

Sin duda existen un gran número de técnicas que la persona puede aplicar para ayudarse a sí misma y que presentaremos a continuación. Pero la primera y más genérica actitud se resume en CONFIANZA.

1. Confianza en uno mismo y sus capacidades.

2. Confianza en los demás y en el grado de ayuda que se puede recibir del exterior. Ayuda que no solo vendría del apoyo, aliento y consejos que las personas cercanas pueden brindar, sino del propio hecho de hablar y compartir con los demás, evitando en lo posible la tendencia al aislamiento.

3. Confianza en los profesionales que le atienden y en su mejor disposición a ayudarle. Es evidente que siempre existe un riesgo de olvido e incluso equivocación por parte de su médico o personal asistencial, pero entienda que sus preocupaciones por el estado de salud de su cuerpo muchas veces pueden llegar a ser desmedidas por la propia ansiedad. Las demandas continuas de atención y exploraciones a veces innecesarias pueden llegar a hacer que la relación con su médico llegue a resentirse. En cualquier caso intente siempre aclarar con él sus miedos, temores o dudas, permitiendo de esta forma que éste pueda verle más como una persona necesitada de ayuda y comprensión que como alguien que va exigiendo actuaciones, que desde su punto de vista pueden no ser necesarias.

4. Confianza en que el trastorno de angustia no va a deteriorar de forma irreversible su salud corporal o mental y que muy posiblemente mejorará de forma importante.

5. Confianza en que va a poder mejorar mucho por Vd. mismo y que hay muchas cosas que puede hacer para controlar su estado.

Quiero contarles parte de mi recuperación. Tengo una profesión universitaria, cosa que no sé cómo logré, porque fue en la peor etapa de mi vida. Sufrí de ataques de pánico durante 7 años. Todavía siento ansiedad (ahora manejable y pocas veces necesitada de medicación en bajas dosis) ante ciertas situaciones concretas. Bueno, creo que tengo algunas ideas fóbicas, y ellas también me producen cierta ansiedad y el temor a perder el control de mi misma y que otros lo asuman, no ser capaz de desenvolverme por mi misma, quedarme sola en un futuro, no tener como ganarme la vida y la desaprobación social. He eliminado de mi dieta el café, puedo tomar té no muy cargado, nada de fumar, licores de cuando en cuando sin no exceder del vaso y medio. El calor es algo prácticamente intolerable y si puedo estar en lugares con aire acondicionado me siento en la gloria.

Hago ejercicio moderadamente. He pasado por todas las etapas típicas del trastorno, desarrollé agorafobia sin llegar a un caso severo pero si limitante en ciertas épocas. Tuve los pensamientos típicos del trastorno de pánico como el temor a la muerte súbita y volverme loca, despersonalización, náuseas y mareos apenas me despertaba, llegue a pesar hasta 38 kilos, problemas gástricos, depresión, sensación de ahogo. He tenido ataques tan intensos que me tumbaban a la cama, problemas con la familia que pensaban que era una hipocondríaca, llena de manías y engreída según ellos, esto me hacía sentir tan insegura que varias veces tuve que disimular que tenía En general las personas que sufren una crisis de angustia la describen como un miedo intenso, con sensación de estar a punto de morir o sufrir un infarto o "derrame" cerebral, o bien perder el control o "volverse loco". Esta sensación, acompañada de los síntomas corporales que a veces son de gran intensidad, hacen que la persona tienda a escapar como sea de la situación o lugar donde se encuentra y a veces buscar ayuda médica de urgencia.

Como la crisis llega a su pico máximo aproximadamente a los diez minutos, en caso de acudir a urgencias, cuando llegan al servicio los síntomas se han calmado mucho o han desaparecido, no encontrándose anomalías cuando son explorados. De cualquier forma, no es infrecuente que a pesar de haberse reducido la intensidad de los síntomas la persona quede en un estado de abatimiento, cansancio o desgana que puede durar incluso durante horas hasta que se recupera. Un ataque o que desfallecía de la ansiedad para que no me cataloguen de esa manera ni me acosen con la idea. Fué difícil contarles a mi familia lo que me sucedía, aún no lo entienden del todo. Mi hermana, sin saberlo, fue mi compañera de apoyo, los primeros 3 meses íbamos juntas a todas partes y ella no se daba cuenta cuando a veces la apresuraba para regresar a casa.

No sé cómo contarles como supere la agorafobia, antes no podía ni subir al autobús, ni ir al mercado, restaurantes, cines, teatros o discotecas. Si antes fui dura conmigo para llegar a esto, también fui un poco dura para salir. No me negué a nada, especialmente a lo que era salir fuera de casa. Recuerdo sentarme en el borde la cama, sudar y sudar. Cogía el auto y me marchaba bastante lejos de casa, tuve todos los ataques habidos y por haber, justo podía sostener el volante, pero ya de regreso me sentía mejor. Algo que aprendí y aprendo de la ansiedad y del pánico es que de alguna forma me hicieron ser más persona, más humana, mucho más comprensiva y sensible al dolor humano. Sé que no estoy del todo curada, tengo más caminos que recorrer y superar.

Isabel, 36 años.

45. ¿QUÉ PUEDO HACER EN EL CASO DE REPETIRSE UNA CRISIS DE ANGUSTIA?

1. Reconozca que se trata de una crisis de angustia que ya ha tenido en alguna otra ocasión. Como entonces ocurrió, a pesar del mal rato que pasó, no significa que le vaya a ocurrir nada fatal ni sin remedio.

2. Recuerde que a pesar de parecer "eterna", la crisis llega a su máximo en escasos minutos. Intente despreocuparse de su duración, aceptando que a pesar de ser un estado muy desagradable va a pasar en unos minutos.

3. Busque ayuda sin alarmismos. Si se halla entre un grupo de personas puede simplemente comentar que se encuentra momentáneamente indispuesto y pedir que alguien de confianza le acompañe a un lugar más tranquilo. Siéntese o pasee sin apresuramiento en espera de que la crisis disminuya su intensidad. La persona que le acompaña estará dispuesta a ayudarle si se diera el caso. Si se encuentra solo no pretenda que vengan a ayudarle de inmediato, si llama a alguien para cuando llegue sus síntomas ya se habrán calmado en gran medida. En todo caso y si se encuentra muy asustado y hablar con alguien le tranquiliza, telefoneelé y explique su estado en ese momento, hable unos momentos y pídale que le vuelva a llamar pasados 5 ó 10 minutos. Puede que esto le tranquilice, al saber que hay alguien pendiente de cómo se encuentra.

4. Intente relajarse lo más posible, no dirija su atención de forma mantenida a los síntomas. Cuanto más se fije en aquellas partes de su cuerpo que parecen funcionar mal, más sensible se encontrará hacia los pequeños cambios, aumentando el temor y empeorando los síntomas. Desvíe su atención hacia aquellas otras partes del cuerpo que no dan muestras de alteración intentando relajarlas. También puede distraer su atención dirigiéndola a estímulos neutros del ambiente, como puede ser fijarse en las matrículas de los coches que pasan, examinar los productos cercanos del supermercado o incluso contar de tres en tres desde cien hacia atrás hasta controlar la ansiedad.

5. Respire de forma pausada, intente acompasar sus respiraciones sin hacer inspiraciones profundas. La sensación de falta de aire o ahogo puede que le haga respirar muy rápido y de forma profunda. En algunas personas este tipo de respiración empeora los síntomas de la crisis al producirse lo que se llama una "alcalosis respiratoria" debida a la hiperventilación. Los signos de la alcalosis aparecen tras un período de ventilación forzada, con sensación de mareo, visión borrosa, acorchamiento en manos, pies o cara e

incluso contracturas en zonas como muñeca o tobillo. En caso de iniciarse síntomas de este tipo, la persona se asusta aún más empeorando el cuadro. Recuerde entonces que:

1. La sensación de falta de aire es más subjetiva que real.

2. Nadie se ha ahogado en una crisis de angustia. Es imposible. Incluso en el caso de llegar a perder el conocimiento por una respiración forzada, los propios mecanismos reguladores del organismo harán que el ritmo respiratorio vuelva a la normalidad, estabilizando la situación.

3. Respire, por la nariz y con el diafragma (lea el siguiente apartado) de la forma más pausada posible a pesar de la sensación de falta de aire. No acelere el ritmo ni respire muy profundamente.

4. En el caso de no haber podido controlar bien la respiración y aparecer signos como mareo, entumecimiento o acorchamiento en alguna parte del cuerpo, un remedio muy eficaz consiste en respirar manteniendo una bolsa de papel sobre nariz y boca. De esta forma se vuelve a reintroducir en los pulmones parte de los gases que se han forzado a expulsar durante la respiración. Esta técnica resulta muy eficaz y en muy poco tiempo los síntomas desaparecerán. A veces suele ser más difícil convencer al paciente de que respire dentro de la bolsa, precisamente por su búsqueda forzada de aire, que como hemos visto no hace más que empeorar el cuadro.

5. Si su corazón late muy deprisa recuerde que eso no significa la inminencia de un ataque cardíaco. Espere unos momentos para comprobar cómo su corazón recupera progresivamente su ritmo normal. En caso de asustarle mucho esta situación, puede probar a realizar la siguiente técnica, que busca provocar lo que se llama el "reflejo de Valsava". Aumente la presión del abdomen sacando con fuerza la tripa durante 3 a 5 segundos. Con ello el corazón disminuirá rápidamente la frecuencia de sus latidos. Puede repetir la técnica hasta una decena de veces si es necesario.

6. Algunas personas han oído o se les ha aconsejado que en caso de

repetirse una crisis de angustia se coloquen una pastilla tranquilizante debajo de la lengua para frenar su evolución. Desde un punto de vista estrictamente farmacológico, esta estrategia no resulta más eficaz que tomarse directamente la pastilla, ya que la absorción es relativamente similar de las dos formas y requiere un período de tiempo, que aunque no es muy dilatado, generalmente es algo mayor que la duración normal de una crisis. De esta forma, atribuir la mejoría a la toma de medicación en su inicio es una equivocación, ya que por rápida que sea la absorción la mejoría también se produciría sin ella. En cualquier caso esta estrategia, o la simple toma oral de la pastilla, puede ser de alguna ayuda en aquellas personas que temen sobremanera a las crisis, que estas duren mucho tiempo o que vengan seguidas por un estado de ansiedad importante que límite mucho su funcionamiento. El riesgo es que la persona quede muy dependiente de la medicación, sin poder separarse de ella y en un estado de hipervigilancia continua que le mantenga en actitud de alerta ante los mínimos síntomas para tomarse la pastilla. De la misma manera, y en contra de lo que piensan algunas personas, algunas medicaciones inyectables se absorben más lentamente, por lo que no necesariamente es mejor una "inyección" que una "pastilla" para el control de la crisis aguda.

Hace 1 año que sufro de ansiedad y pánico. Siento que todo se dio de un día para otro, aunque por suerte yo misma me di cuenta de mi problema y pedí ayuda psicológica a los pocos meses. Trato de controlar mis ataques de pánico y ansiedad por mí misma (con una ayudita de mi psicóloga). Sé que todo está en mi cabeza, que mis miedos a morirme de un paro cardiaco al asustarme están en mi mente. Sé que tal vez suene fácil, pero no... me cuesta mucho poder luchar conmigo misma. Siento como si existieran dos Cristinas. Una, la racional, la que sabe que NO tiene ninguna enfermedad cardiaca ni de ningún otro tipo y que todo está en su atolondrada cabecita. Otra, la "panicosa", la negativa que se muere de miedo a que le pase algo, a morirse de un paro, y que se pone tan nerviosa y angustiada que empieza con taquicardia, debilidad corporal y otros varios síntomas. Cuando tengo los ataques de ansiedad, pienso que esa va a ser la última vez, que me voy a morir, pero como todos sabemos se sobrevive, aunque vengan otros ataques de ansiedad futuros con los que lidiar. Es muy difícil hacer que las dos Cristinas se pongan de acuerdo. Pero con mucha paciencia se logra.

Cristina, 20 años.

46. ¿QUÉ PUEDO HACER PARA RELAJARME?

A continuación expondremos dos tipos diferentes de relajación que pueden ser utilizados de forma independiente o conjunta. La primera de ellas deriva de un mayor control respiratorio, mientras que la segunda focaliza sobre los músculos en general.

Relajación respiratoria.

Una persona normal suele respirar de 12 a 16 veces por minuto cuando no está excitada o muy relajada. En situaciones de ansiedad es muy frecuente que el individuo mantenga un tipo de respiración superficial y ocasionalmente entrecortada con suspiros. Este tipo de respiración se realiza básicamente mediante el esfuerzo de los pequeños músculos que hay entre las costillas, movilizando sobre todo la parte superior del pecho. Sin embargo, la parte más baja de los pulmones apenas son ventilados. Para favorecer su ventilación se requiere la participación de otro gran músculo que separa el pecho del abdomen, el diafragma. La respiración diafragmática o profunda no moviliza únicamente el pecho sino que desplaza el abdomen cada vez que tomamos y expulsamos aire. De esta forma se ventilan los pulmones en su totalidad con una mejor oxigenación de la sangre.

La técnica de la respiración diafragmática es sencilla y puede ser utilizada de forma preparatoria a los ejercicios de relajación muscular. Pero recuerde que, debido precisamente a su sencillez, también puede ser aplicada en cualquier ocasión en que se note tensión o ante alguna amenaza concreta, como puede ser el temor a la ocurrencia de una crisis de angustia. Para conseguir este tipo de respiración siga esta serie de sencillos pasos:

1. Limpie y mantenga bien abierta su nariz.

2. Con los ojos abiertos o cerrados, dirija la atención a sus movimientos respiratorios. Muy posiblemente comprobará que la parte del cuerpo que se mueve es el pecho.

3. Coloque una o dos manos sobre la tripa. Tome aire lentamente por la nariz y compruebe que sus manos se desplazan empujadas por el abdomen. Haga una pequeña pausa y suelte el aire por la boca, observe cómo sus manos vuelven a la postura inicial.

4. Repita estos movimientos sin apresuramiento. Una respiración muy profunda y rápida sería negativa por el riesgo existente de hiperventilación que explicamos anteriormente.

5. Mantenga esta respiración durante unos minutos. Aproveche este tiempo para repetirse internamente algunas frases tranquilizadoras del tipo: "Me estoy tranquilizando", "No me va a pasar nada", "Puedo dominarme", "Soy capaz de enfrentar la situación", "Estoy exagerando mis miedos", o cualquier otra que sea más apropiada para ese momento.

Estos ejercicios puede realizarlos en su casa o lugar de trabajo, pero también es posible llevarlos a cabo de forma discreta en lugares públicos como transportes o incluso haciendo la compra en un supermercado. Si está sentado, concéntrese en su respiración, ponga la mano sobre la tripa y repita para sí mismo que va a tranquilizarse. Si está andando o empujando un carro de compra, concéntrese igualmente en su respiración, desentiéndase de lo que estaba haciendo hasta entonces por unos momentos e intente sugestionarse con la idea de que se está tranquilizando. Si está solo, puede quitarse los zapatos para sentir el suelo bajo los pies y notar su propio equilibrio. Si desea puede abrir los brazos y extenderlos con los hombros hacia atrás al tomar el aire, para posteriormente flexionarse hacia adelante al expulsarlo. Otra posibilidad es tumbarse sobre una alfombra o moqueta manteniendo un libro ligero sobre la tripa, lo que le permitirá concentrase en sus movimientos hacia arriba y abajo.

Recuerde que utilice la técnica que utilice, es muy importante que se concentre sobre la entrada y salida de aire y sus movimientos respiratorios, mientras se sugestiona repitiéndose frases tranquilizadoras.

Relajación muscular general.

Esta técnica permite al organismo disminuir el estado de tensión mantenido por la ansiedad y que puede acabar en diversas contracturas y agarrotamientos musculares, así como un estado de tensión mental que disminuye parte de sus capacidades. Existen varias técnicas de relajación muscular, aquí le proponemos una de ellas basada en la contracción-relajación progresiva de los diferentes grupos musculares. No se desanime si en algún momento, sobre todo los primeros días, no consigue relajarse lo suficiente. Dedique todos los días entre 10-15 minutos a la mañana y la tarde a relajarse. Hacer una pausa y dedicar unos minutos para Vd. mismo seguro que no le puede hacer daño ¿verdad?.

Elija un momento y ambiente en que previsiblemente no vaya a ser interrumpido. Suéltese la ropa que pueda oprimirle y quítese los zapatos, anillos, reloj o pendientes. Túmbese boca arriba sobre una superficie firme no demasiado dura y si quiere apoye la cabeza sobre un cojín no muy alto. Coloque los brazos a lo largo del cuerpo cómodamente con las palmas hacia abajo. Las piernas extendidas y ligeramente separadas sin cruzarlas.

Puede acompañarse o no de música ambiental no demasiado estridente según sus preferencias. Si se encuentra en su lugar de trabajo posiblemente no pueda tomar todas las disposiciones apuntadas anteriormente, pero si lo piensa seguro que encuentra un lugar donde poder relajarse sentado durante

5-10 minutos. No deje de realizar los ejercicios por pereza o una aparente falta de resultados inmediatos.

Una vez dispuesto a relajarse cierre los ojos e inicie la técnica de respiración profunda descrita anteriormente durante un par de minutos, mientras se sugestiona con la frase "voy a relajarme". Una vez conseguido un ritmo respiratorio adecuado es deseable que se mantenga a lo largo de toda la sesión de relajación. A continuación vaya recorriendo las diversas partes del cuerpo mentalmente según las instrucciones que le damos seguidamente y que antes tendrá que haberse aprendido. Existen también en el mercado cintas de cassette grabadas que pueden dirigirle en sus primeras sesiones. Posteriormente seguro que podrá realizar los ejercicios de forma casi automática.

1. Extienda los pies tanto como pueda doblando los dedos hacia delante. Sienta la tensión durante unos instantes y relaje los músculos disfrutando de ese alivio. Repítalo dos o tres veces. Relaje por última vez sus pies.

2. Respire profunda y pausadamente un par de veces para recuperar el ritmo respiratorio antes de proseguir con el siguiente grupo muscular. Haga esto cada vez que termine con una parte de su cuerpo antes de empezar con la siguiente.

3. Contraiga con fuerza la pantorrilla. Sienta la tensión y su alivio dos o tres veces. No es necesario aquí que mueva o flexione sus piernas, sólo póngalas en tensión. Suba hacia arriba y contraiga ahora los muslos, sienta la tensión y su alivio, haga lo mismo con las nalgas. Respire pausadamente un par de veces.

4. Contraiga y relaje la parte inferior de la espalda dos o tres veces, concéntrese en sus sensaciones. Respire pausadamente e imagine que sus piernas pesan más. Al irse relajando notará que se apoyan más sobre el suelo, como si realmente pesaran más. Respire pausadamente y permanezca así unos momentos disfrutando de la sensación.

5. Es el turno del abdomen. Ponga dura la tripa con fuerza, relájese, repita el ejercicio. Respire e imagíneselo cada vez más flojo.

6. Ahora pase a los puños, ciérrelos con fuerza firmemente, relájelos. Contraiga con fuerza los músculos del brazo, no es necesario que los doble aunque puede hacerlo si lo desea, sienta la tensión, relájelos, repita el ejercicio. Recupere la respiración pausada y profunda imaginando que sus brazos cada vez pesan más, descansando sobre el suelo. Disfrute de esta sensación.

7. Levante con fuerza los hombros y déjelos caer. Sienta la tensión y la relajación. Respire.

8. Contraiga las paletillas de la espalda con fuerza dos o tres veces, observe sus sensaciones. Respire.

9. Contraiga la nuca y relájela. Gire el cuello a la derecha y relájelo. Gire el cuello a la izquierda y relájelo.

10. Contraiga y relaje con fuerza los diferentes músculos de la cabeza. Arrugue la frente, arquee las cejas, cierre con fuerza los ojos, arrugue la nariz, apriete las mandíbulas, apriete los labios, pegue con fuerza la lengua al paladar. Respire profundamente y disfrute al sentir cómo su cabeza cada vez pesa más hundiéndose sobre el cojín o suelo.

11. Recorra mentalmente su cuerpo, puede notar cierta sensación de pesadez o ligero calor. Repítase en este momento "estoy tranquilo/a".

12. Para terminar, vaya moviendo lentamente sus brazos y piernas. Abra los ojos y levántese lentamente, si se incorpora de forma brusca podría llegar a marearse ligeramente.

47. ¿QUÉ PUEDO HACER PARA MEJORAR MI SUEÑO?

Tenga en cuenta que el sueño es un estado natural y necesario para la recuperación del organismo que se repite en ciclos. Estos ciclos pueden ir desajustándose imperceptiblemente, como un reloj que atrasa o adelanta, por lo que es fundamental que sea especialmente cuidadoso en el mantenimiento de ese ciclo.

1. La cantidad de sueño necesario varía de persona a persona, incluso para una misma persona puede haber temporadas en que un menor tiempo de sueño puede ser suficiente. En general, con la edad se duerme menos horas con un sueño algo más ligero y más despertares a lo largo de la noche. También pueden aparecer algunas alteraciones como son los ronquidos y contracciones de piernas o brazos.

2. Permanezca en cama el tiempo justo. Si pasa más tiempo del necesario en la cama puede aumentar el sueño superficial y fragmentado. Reduzca el tiempo que permanece en cama.

3. Evite las siestas, ya que alteran el ritmo corporal del sueño.

4. Levántese siempre a la misma hora. De esta forma favorecerá la regularidad del sueño. Aunque no haya dormido bien, levántese, incluso en fines de semana.

5. Aísle lo máximo posible la habitación de ruidos ambientales del exterior. El doble acristalamiento o unos cortinones pesados pueden ser una solución.

6. Ponga un especial cuidado con la temperatura de la habitación, que deseablemente no ha de ser muy alta o muy baja. De madrugada (4 ó 5 de la mañana) la temperatura corporal es mínima.

7. Dormir con sensación de hambre o tras una gran cena puede ser más difícil. Métase en la cama un rato después de una cena ligera. Un vaso de leche templada antes de acostarse puede ayudarle a dormir mejor.

8. Si bebe mucho a última hora de la tarde puede que tenga que levantarse varias veces a orinar durante la noche. Tampoco es aconsejable no beber nada, ya que la boca seca puede también alterar la calidad del sueño.

9. Las bebidas con cafeína, sobre todo si son tomadas a lo largo de la

tarde, alteran el sueño incluso en personas que creen que no les afecta. El tabaco también produce alteraciones del sueño.

10. El alcohol puede favorecer el inicio del sueño, pero lo altera de forma importante. De cualquier forma no lo consuma si está en tratamiento con fármacos.

11. El ejercicio físico regular mejora el sueño. El ejercicio ocasional o extremo no lo favorece.

12. Busque algo rutinario para hacer a la hora de acostarse, por ejemplo leer o hacer punto durante un rato. Evite las actividades excitantes o que mantengan su atención como son los programas de televisión.

13. De cualquier forma, si hay días en que no consigue dormir tómelo con calma. El insomnio es desagradable pero no especialmente peligroso. Si no puede dormir acéptelo así, cuanto más se excite menos conseguirá relajarse. Encienda la luz y haga algo poco interesante pero que le distraiga o practique alguna técnica de relajación. No sirve para nada quedar dando vueltas en la cama atormentándose con el pensamiento. Si hoy no duerme bien mañana podrá hacerlo mejor.

48. ¿CÓMO INTENTO DEJAR DE VER LA BOTELLA MEDIO VACIA Y VERLA MEDIO LLENA?

No es infrecuente que una persona aquejada de un trastorno de angustia se muestre pesimista y tienda a rumiar cada pequeño aspecto de la vida desde una negra perspectiva, imaginando dificultades insalvables y anticipando siempre desenlaces fatales. Esta predisposición puede verse además agravada por un estado depresivo añadido o por características de personalidad previa.

Es importante que se mentalice acerca de que en muchas ocasiones está exagerando y dando demasiada importancia a temas que no la tienen. Muy posiblemente esto también ya lo sabe, aunque se siente incapaz de frenar esos pensamientos. Intente ver algunos aspectos positivos de su vida y valórelos. No sé de por vencido, enfrente sus dificultades y verá como a medio plazo la confianza y satisfacción con Vd. mismo aumentan. Intente además no abrumar a los que le rodean con sus preocupaciones, con ello solo conseguirá que poco a poco las personas cercanas se vayan distanciando y le califiquen de exagerado. Haga un esfuerzo todos los días en este sentido.

49. ¿CÓMO PUEDO SUPERAR EL MIEDO A SALIR DE CASA?

La respuesta más contundente sería ¡saliendo!. Pero parece más conveniente que intente ir enfrentando sus miedos de forma escalonada y sin excesivas prisas, aunque sin perder de vista que el objetivo último será enfrentar en vivo y en directo aquellos lugares que ahora le asustan.

Aunque los consejos que se acompañan a continuación pueden requerir de la intervención de un profesional para su mayor efectividad, es probable que puedan ayudarle si persevera en su aplicación. Recuerde que la superación de la mayoría de sus temores puede requerir incluso meses.

Podrá empezar imaginando las situaciones temidas en casa. Para ello, relájese durante unos minutos y a continuación imagínese en un lugar que le atemorice, por ejemplo un supermercado, focalice su atención sobre el ambiente que puede existir en ese lugar, así como los primeros síntomas de ansiedad que aparecerían si estuviera realmente allí. Permite que la ansiedad aumente pero no hasta niveles insoportables. Desvíe entonces su atención para una vez disminuida, volver a imaginarse la situación.

El siguiente paso será ir enfrentando gradualmente sus temores en vivo. Para ello, quizás necesite ir acompañado los primeros días con una persona de su confianza. Plantéese una estrategia escalonada de consecución de objetivos, marcándose claramente qué es lo que quiere conseguir. Para ello puede ser de utilidad que dedique al principio un tiempo a reflejar por escrito todas aquellas actividades que le generan cierta tensión y los objetivos concretos a alcanzar.

Lógicamente estos objetivos serán menos ambiciosos en un principio para ir aumentando en complejidad en la medida que va superando etapas. Al principio puede ser suficiente conseguir salir de casa, pasear por los alrededores, hacer un corto trayecto en un transporte público o hacer una compra en una tienda de los alrededores. Progresivamente irá aumentando la distancia de las salidas, la duración de los trayectos en transportes públicos o las dimensiones de los locales donde puede hacer sus compras. En un principio, esto deberá ser posible hacerlo acompañado, aunque el objetivo final será hacerlo solo.

Márquese una tarea progresiva para practicarla diariamente. Por ejemplo, si ve que se encuentra incapacitado para estar solo a más de tres kilómetros de su domicilio, los pasos a recorrer podrían ser: a) Pasear acompañado hasta el punto en que empezaría a sentir pánico. b) Repetir esos paseos con el acompañante unos pasos por detrás. c) Realizar el paseo en "círculo", encontrándose con el compañero en el punto prefijado. d) Pedir al compañero que le espere en determinado lugar. e) Salir Vd. primero y esperar la llegada del otro. f) Salir a pasear solo mientras su compañero está en casa. g) Por último, pasear cuando éste se encuentre lejos.

Ciertamente estos ejercicios pueden parecer engorrosos o demasiado simples en un primer momento, siendo ésta la principal razón para su abandono o mala práctica a pesar de su efectividad. Otro riesgo muy frecuente es querer "acelerar" el proceso con la consiguiente recaída y reforzamiento posterior de las conductas de evitación. Por ejemplo: una persona con temor a los transportes públicos, es posible que no vea el sentido o la utilidad de viajar solo hasta la siguiente parada en su trayecto, así que cuando cree que está un poco mejor decide hacer un largo recorrido.

En el caso de que empiece a notar miedo según transcurren las paradas, decide abandonar o aguantarlo con grandes posibilidades de provocarse una crisis de ansiedad. Esta será para él la confirmación de que es imposible que pueda montarse de nuevo en ese medio.

Recuerde que necesita ir acostumbrándose y confiando de forma progresiva, aunque los pasos intermedios parezcan carecer de sentido o utilidad. En la superación de sus dificultades es necesaria cierta "dosis" de miedo superable, pero no correr el riesgo de desencadenar el pánico.

Ayer pude exponerme a una situación temida. Fui a almorzar con mis ex-compañeros de trabajo, no solo eso, sino que subí a buscarlos a mi ex-trabajo y saludé al Gerente. Al principio no fue bien, ya que la ansiedad no me dejaba actuar libremente (sentía que temblaba toda por dentro, se me contracturaban las piernas y la mandíbula y no podía respirar bien). En un momento casi salgo corriendo... pero me quedé. Después de un rato de estar en la empresa, empecé a sentirme más cómoda, luego fuimos a comer afuera con mis amigos y realmente lo pasé muy bien, hablé durante toda la comida y me divertí mucho. Después me sentía eufórica por haberlo realizado. Es realmente asombroso cómo uno se tranquiliza en forma inmediata y se tiene más confianza cuando logra controlarse en una situación temida. No por eso dejo de tener miedo a que me vuelvan a ocurrir esas cosillas desagradables, ¡pero me siento bien!. Esto es muy bueno. Para los que todavía no se han animado a enfrentarse con sus propios miedos, puedo asegurarles que vale la pena sentir el terror que esto nos provoca, con el fin de verlo controlado. ¡Creo que es una fantástica forma de superarlo! Ahora creo que todo se puede, aunque cueste mucho.

María, 33 años.

50 ¿ES BUENO QUE ME RELACIONE CON OTRAS PERSONAS?

Sí. Es un aspecto que debe cuidar especialmente. Muchas personas con trastorno de angustia tienden a recluirse en casa por temor a las crisis o a evitar los contactos sociales por miedo a aparecer como más débiles, hacer el ridículo o sentirse incómodos o inseguros en este tipo de relaciones.

Las relaciones de amistad y sociales proporcionan al ser humano un importante sentimiento de compañía, aumenta la autoestima, ayuda a ampliar y relativizar nuestros puntos de vista, así como es una de las más accesibles fuentes de ayuda, tanto material como afectiva. Compartir parte de su tiempo con alguna persona de confianza no solo puede ser de gran utilidad para motivarle a salir de casa o ayudarle a enfrentar situaciones que le apuran, además es una buena manera de distraerse y le da la posibilidad de desahogarse en aquellos temas que quizá no pueda o no quiera comentar en casa. Pero recuerde que las amistades no sólo están para ayudarle, sino que también Vd. va a poder ayudarles y acompañarles. Sentirse útil y comprobar lo importante que puede llegar a ser para los demás, así como valorar positivamente todo lo que puede llegar a hacer desinteresadamente por ellos va a ser una manera muy agradable de aumentar su autoestima y poner a prueba sus propios recursos personales.

Estos consejos son especialmente importantes si Vd. se trata de una ama de casa que no trabaja fuera de casa. En muchas personas el trabajo suele ser una de las fuentes de contactos sociales. Este tipo de relaciones, sin llegar a reunir todas las características de lo que entendemos como "amistades", permiten confrontar opiniones, intercambiar experiencias y puntos de vista, así como servir de apoyo mutuo en ocasiones difíciles. Sin embargo, la persona que trabaja exclusivamente en casa pasa muchas horas sola y en el caso de salir fuera mantiene únicamente contactos esporádicos y superficiales con otras personas. Estos contactos, que antes al menos se veían facilitados por el tamaño de las ciudades y la necesidad de comprar diariamente productos perecederos en pequeños comercios de barrio, cada vez son más difíciles de establecer, debido al aumento del vecindario y la proliferación de grandes superficies comerciales, más impersonales y que hacen innecesario la compra regular de pequeñas cantidades de alimentos básicos. Por este motivo, es muy importante que recapacite si éste puede ser su caso. No dude entonces en buscar soluciones a través de grupos deportivos, educativos o culturales, donde podrá entrar en contacto con otras personas además de desarrollar otras facetas de su persona. No descuide tampoco las oportunidades para quedar con otras mujeres que pueden nacer en la parada del autobús de sus hijos o en una "degustación". Se verá sorprendida de la diferente calidad de vida que puede llegar a tener si es capaz de salir del círculo exclusivo de las relaciones familiares y del hogar.

Creo que muchos de nosotros percibimos la soledad como el pan de cada día. Uno quisiera simplemente que te tomaran de la mano, que te acariciaran y no te digan nada, solamente que estén allí. Pero la convivencia exige muchas cosas y entre dar y dar también se espera recibir. En mi caso no es tan malo, tengo mi pareja pero siempre tengo en mi pensamiento que tal vez de alguna otra forma dependa demasiado de él y sé que no es bueno. El sabe de mi problema y me ayuda, pero es difícil que comprenda totalmente esta enfermedad y, aunque yo no quiera, en el fondo tengo que ocultar algunas cosas. Es difícil.

Isabel, 36 años.

51. ¿DEBO PRESTAR ALGUNA ATENCION ESPECIAL A MI FAMILIA?

Sí, por muchos motivos. Su propio estado puede a la larga generar cierta tensión familiar, como en cualquier caso donde alguno de los miembros no se encuentra bien o tiene algún problema. Vd. va a necesitar mucho del apoyo y comprensión de sus familiares más cercanos, pero entienda que también ellos tienen sus propias necesidades y que en todo caso pueden verse desbordados o desorientados acerca de la mejor forma de ayudarle. Si además, su carácter se ha alterado mostrándose más irritable, quejoso, exigente o crítico, puede que su familia no llegue a aceptarlo totalmente. También puede ser que aparezca como retraído y reservado y sea visto como desentendiéndose de los problemas cotidianos familiares.

Sea el caso que sea, hable con su familia lo más directa y sinceramente que pueda y dígales claramente el tipo de ayuda que necesitaría en ese momento. Si cree que no llegan a entender totalmente lo que le pasa, utilice este mismo manual para explicárselo, pero entienda y asuma por su parte que el hecho de "estar enfermo" no le va a justificar totalmente en todas sus demandas de atención por justificadas que puedan ser para Vd. mismo.

Tenga en cuenta además que a pesar de estar en este momento muy necesitado de ayuda, sigue habiendo muchas cosas que puede seguir haciendo por ellos. Preocuparse, atender y dedicar un tiempo de forma altruista a su familia es una de las mejores formas de aumentar su autoestima.

Por otra parte, algunas de las dificultades familiares que pudieran aparecer en estos momentos quizá no sean más que reflejo de algunos roces mal resueltos, que venían arrastrándose con anterioridad y que ahora se destapan más claramente en forma de crisis, coincidente con sus propios síntomas. Piense que, como en toda crisis, en general todo el mundo tiene su parte de razón, considere seriamente los puntos de vista de los demás, exponga con tranquilidad sus opiniones y sobre todo intente que por su parte no llegue a romperse nunca la posibilidad de seguir dialogando. Si en algún momento llegan a discutir acaloradamente, retome con posterioridad el tema con el ánimo de solucionarlo. Si es necesario pida opiniones o intermediación a personas de su confianza.

Muchos de nosotros, agorafóbicos, hemos visto como s e alejaban de nosotros seres queridos (familiares, amigos, pareja...) por no comprender la situación. No se trata ya de buscar culpables o víctimas, no es ese el punto; es bastante razonable ese alejamiento, ya que cuando nos invitan por años a salir, a pescar, a cualquier actividad de aquellas que nos exponga a la situación temida, y nosotros respondemos invariablemente con una excusa (generalmente, una mentira piadosa), bien pueden pensar que nuestra negativa pasa por el desinterés o por el desprecio.

Estará en nosotros saber cómo explicar esta situación del modo más claro posible, no para obtener compasión, por supuesto, sino para reclamar un poco de paciencia. Recordemos que a nosotros mismos nos cuesta muchísimo reconocer nuestra enfermedad como tal.

Alberto, 40 años.

52. ¿QUÉ CONSEJOS U ORIENTACIONES SE PUEDEN DAR A LOS QUE ME RODEAN?

Quizás pueda ser de utilidad que les pida que lean este Manual. Muchas veces las personas del entorno inmediato no llegan a aceptar o entender totalmente la importancia o gravedad del trastorno por angustia en un ser querido por varias razones:

- Desconocimiento de la existencia de este tipo de cuadros.

- Dificultades emocionales en ellos mismos al no poder soportar el sufrimiento de un ser querido, utilizándose entonces la técnica del avestruz negando la existencia del problema o creyendo que sólo se trata de una cuestión de falta de voluntad o exageración.

- Alteración de los hábitos familiares y aumento de la carga percibida por los seres cercanos.

- Posible percepción por parte de ellos de que quizás esté sacando algunas ventajas de su situación, como por ejemplo no asumir determinadas responsabilidades dentro del hogar o recibir más atenciones de su entorno. Evidentemente un trastorno por angustia nunca va a explicarse exclusivamente como una forma de llamar la atención o de desentenderse de sus obligaciones, incluso puede estar indicado que parte de todo ello se asuma como un aspecto necesario para la superación del problema. Discuta con sus familiares sus dificultades y necesidad personal de apoyo y cariño, pero esté abierto también a considerar la justeza de algunas de sus quejas. En toda enfermedad puede existir su parte de ganancia secundaria, que puede ser explotada. Un ejemplo característico son las pequeñas dolencias infantiles que se acompañan indefectiblemente de algún día sin escuela, comidas de capricho, algún que otro regalito sin importancia y la posibilidad de ver la tele tumbadito en la cama de los padres o arropado en la butaca de la sala.

Solicite abiertamente la comprensión y cariño de los que le rodean ya que necesita ser alentado, apoyado e incluso gratificado con pequeños detalles que refuercen sus progresos, además de cierta paciencia en caso de recaídas o aparente lentitud en la evolución. Sin embargo, no espere que los demás hagan todo por Vd., evitando exagerar la necesidad de cuidados, ya que todo ello lo único que hará es entorpecer su evolución.

Recibir información sobre este problema me parece de gran utilidad, sobre todo porque me ha aclarado una importante serie de conceptos que me han ayudado a comprender la enfermedad que actualmente tiene mi familiar, y de alguna manera me ha ayudado a encuadrar su ansiedad dentro de un determinado grupo. Actualmente está pasando por una fase de "miedo al miedo", debido a que hace un año tuvo una fase de ataques de ansiedad muy seguidos y muy fuertes que la sumieron en un período de baja de entre tres y cuatro meses. Aunque actualmente tiene miedo a que dicho ataque pueda repetirse, tan solo quedan leves retazos en la memoria y su futuro se presenta bastante bien. En fin, supongo que debemos vivir con ello y seguir luchando para intentar conseguir una cierta estabilidad en lo que a la ansiedad se refiere.

Un familiar.

53. ¿PUEDO HACER EJERCICIO?

Puede y debe hacer ejercicio. El tipo de ejercicio más indicado para cada persona viene matizado por su estado de salud general así como sus preferencias. En caso de que no esté acostumbrado, es preferible que empiece con un ejercicio suave hasta ir poniéndose en forma. En cualquier caso, no realice deportes extremadamente violentos ni llegue a un sobreesfuerzo importante si no está preparado para ello. Esto no está indicado para nadie pero además puede ser que en el caso del trastorno de angustia, la persona se asuste al comprobar que su frecuencia cardíaca aumenta con el esfuerzo y tema la aparición de una crisis. Empiece progresivamente, si nota que su pulso se acelera no se alarme, piense que es lo normal con el ejercicio, disminuya si quiere un poco el esfuerzo y siga a continuación.

Si no realiza algún deporte con asiduidad no pretenda hacerlo a partir de ahora solo y por su cuenta, ya que corre el riesgo de abandonar su práctica rápidamente. Es mejor que se "fuerce" a realizarlo quedando a una hora determinada con algún amigo o compañero o bien acuda a un gimnasio o polideportivo. De esta forma, además de ser más difícil que lo deje debido al compromiso, se ajustará a unas horas determinadas, obligándose a planificar mejor su tiempo y tendrá más oportunidades de socializarse. Todo ello no tiene nada que ver con hacer ejercicio, pero sin duda que son beneficios añadidos muy importantes.

54. ¿ES CONVENIENTE QUE SIGA ALGUN TIPO DE DIETA ESPECIAL?

No, a excepción de aquella que se le haya podido recomendar por otros motivos como la hipertensión, colesterol o sobrepeso. Sin embargo, sí es conveniente que recuerde que una dieta variada y equilibrada, rica en alimentos frescos y fibra, de bajo contenido graso y azúcares con moderación, está indicada para mantener un buen estado de salud en general. Además, en el caso del trastorno por angustia, una mayor atención a este tipo de dieta puede estar indicado por varios motivos. Si existe tendencia a permanecer en casa por el temor a la crisis, además de aumentar la posibilidad de picar entre horas, se disminuye de forma importante el ejercicio realizado y por consiguiente el aporte de calorías necesario. Además, no es infrecuente que si existe además cierta alteración añadida del estado de ánimo, apetezcan más un tipo de alimentos que otros, siendo generalmente los menos saludables, con un alto contenido en grasas y azúcares los que más se consumen. Esto es muy evidente en el caso del chocolate, que muchas personas tienden a consumir de forma exagerada en períodos de mayor alteración del ánimo.

No se trata de que no se dé ningún "capricho" si le apetece, pero tenga en cuenta que si abusa de los caprichos corre un gran riesgo de engordar, lo que puede disminuir su autoestima en un momento que la necesita mucho.

Si está tomando además medicamentos, algunos de ellos pueden hacer que tienda a ganar peso y causarle cierto estreñimiento, por lo que la importancia de una dieta equilibrada y rica en fibra cobra una importancia máxima.

Atención especial merecen las bebidas estimulantes como el café, té y refrescos de cola. Si bien parece oportuno aconsejar que no se tomen en absoluto, en todo caso su consumo siempre ha de ser moderado y nunca por la tarde, ante el riesgo de alteración del sueño que conllevan. Tenga mucho cuidado de no intentar contrarrestar los efectos de una posible somnolencia debida al uso de medicamentos mediante café. Si éste es su caso, consulte con su médico, ya que una disminución o redistribución de la dosis recetada puede ser suficiente.

No sé si le sucede a Uds., pero en mi caso el café y todo lo que tiene que ver con la cafeína no lo puedo tolerar. Tomar café es para mí tener definitivamente un ataque de angustia y, lo peor, prolongado. No es que no me guste, ya que me encanta. Me doy a veces el gusto, pero cuando estoy en mi casita, porque he tenido experiencias no muy agradables.

Isabel, 36 años.

55. ¿PUEDO TOMAR BEBIDAS ALCOHÓLICAS?

No si está tomando medicación, ya que pueden potenciarse entre sí algunos de sus efectos. A pesar de que la abstinencia está indicada desde el punto de vista médico, ante situaciones sociales concretas, como festividades y celebraciones especiales, podría dar algún sorbo de bebidas de baja graduación (vino, champán) para "brindar", si no toma dosis excesivamente altas de medicación. Recuerde que esto no es darle carta blanca para beber grandes cantidades, sino permitirle actuar "socialmente", alejando de Vd. la imagen de enfermo. En estos casos, intente distanciar entre sí lo máximo posible, pero sin alterar mucho, su horario habitual entre la dosis de medicación y la bebida.

No beba más que una pequeña cantidad a sorbos cortos y con el estómago lleno (lo más prudente es que discuta todo esto con su médico). No suspenda la toma de medicación para poder así beber en estas ocasiones, podría precipitar un estado mayor de ansiedad si disminuye demasiado la concentración del fármaco en su organismo.

Si no toma medicación puede beber de forma moderada y prudente, si su estado de salud general no lo desaconseja. Tenga especial cuidado con el consumo de bebidas alcohólicas, ya que es muy frecuente que aumente con los períodos de mayor ansiedad, al utilizarse consciente o inconscientemente como un mal remedio casero contra ella. Recuerde que la frecuencia de personas con abuso o dependencia del alcohol aumenta entre las personas con trastorno de angustia.

56. ¿CÓMO PUEDO SABER SI ESTOY BEBIENDO DEMASIADO?

Esta pregunta resulta muy difícil de responder de forma genérica, ya que depende de muchos factores, como pueden ser el peso, edad, sexo y estado de salud general. Discuta sus dudas con su médico. Si quiere tener una orientación aproximada en torno al riesgo que presenta su forma de beber, responda sinceramente "Sí" o "No" a las siguientes cuestiones:

1. ¿Ha tenido alguna vez la impresión de que debería beber menos?

2. ¿Le ha molestado alguna vez la gente criticándole su forma de beber?

3. ¿Se ha sentido alguna vez mal o culpable por su costumbre de beber?

4. ¿Alguna vez lo primero que ha hecho por la mañana ha sido beber para calmar sus nervios o para librarse de una resaca?

El anterior cuestionario fue diseñado en Estados Unidos (Ewing, 1970) y validado posteriormente en España (A. Rodríguez Martos, R. Suárez 1984; A. Rodríguez Martos, 1986). Aunque no tiene un objetivo estrictamente diagnóstico, si es muy sensible para detectar a aquellas personas en riesgo de presentar problemas con el alcohol. Si ha respondido positivamente a una de las preguntas es muy posible que esté bebiendo en exceso. Si son dos o tres las respuestas positivas, casi con toda probabilidad el alcohol está siendo un problema. No se ponga disculpas y busque el remedio necesario. Cuatro respuestas positivas pueden ser diagnósticas de alcoholismo.

Como regla general se considera abstemia aquella persona que nunca ha consumido grandes cantidades de forma habitual, aunque lo haga ocasionalmente en pequeñas cantidades. Bebedor leve o moderado es el varón que consume menos de 40 gramos de alcohol al día (280 gr /semana) o la mujer que consume menos de 24 gr /día (168 gr /semana). Bebedor excesivo o de riesgo es aquella persona que sobrepasa los límites anteriores.

57. ¿PUEDO FUMAR?

Por poder sí, pero no debe, como el resto de la población. En el caso de las personas ansiosas el riesgo del tabaco es aún mayor, ya que se tiende a aumentar de forma importante su consumo. Recuerde además que el tabaco puede alterar la estructura del sueño. En el caso de no poder dejar de fumar o no desear hacerlo por el motivo que sea, manténgase alerta ante el aumento en su consumo, buscando al menos disminuir la cantidad total de cigarrillos diarios, no apurarlos hasta el filtro, apagándolos a la mitad y no aspirar con fuerza su humo.

58. ¿QUÉ PUEDO HACER PARA MEJORAR MI SEXUALIDAD?

Como vimos en el capítulo 5, la sexualidad puede afectarse por diferentes motivos. El primer consejo general en este sentido es doble.

Por una parte no intente "forzar" la situación, de esta forma solo conseguirá empeorarla. Para mantener relaciones satisfactorias es necesario una gran dosis de espontaneidad en ellas, es muy difícil conseguir una relación plena mientras la cabeza esté ocupada pensando si se conseguirá o no o si se llegará a "dar la talla" o satisfacer totalmente a la pareja. De esta forma es más probable que el impulso se inhiba o llegue incluso a evitarse por temor al fracaso.

Por otra, comente sus dificultades con su pareja. Explíquele que su aparente "desinterés" no es debido a un alejamiento afectivo, sino a su propio estado personal. Aclarar esta situación les permitirá enfrentar las posibles dificultades en este campo con mayor naturalidad y paciencia. Recuerde además que no es necesario que siempre los dos miembros de la pareja lleguen a la satisfacción completa, además de que en muchas ocasiones puede ser necesario un período de "calentamiento" más dilatado de lo que habitualmente se requería con anterioridad.

En el caso de que sus dificultades vengan derivadas directamente del temor a sufrir una crisis durante la relación sexual, por un incremento del ritmo cardíaco o de la respiración, puede actuar como hemos aconsejado con cualquier otro temor. Tómese un tiempo suficiente para ir enfrentando poco a poco sus sensaciones, si considera que se está activando demasiado, coméntelo con su pareja y descanse un rato. Una vez recuperado un mayor control de la situación, prosiga con la relación. Si el primer día no lo consigue, no se desanime, puede ser lógico. Como hemos comentado, para tener una relación plenamente satisfactoria es necesaria cierta espontaneidad que evidentemente estará algo disminuida en un principio.

Por último, en caso de aparecer dificultades en este sentido, no dude en comentarlas con su médico. Este no sólo podrá orientarle y tranquilizarle, sino que valorará la posibilidad de modificar su tratamiento farmacológico si se considerara que este puede influir en su sexualidad. Nunca abandone un tratamiento por su cuenta por este motivo sin haberlo consultado antes con su médico.

A continuación presentamos la magistral descripción que Charles Darwin, padre de la Teoría de la Evolución, hizo del miedo en 1896. Se ha elegido este extracto como forma de reforzar la idea de cómo puede existir un importante número de alteraciones corporales "reales" que no necesariamente implican que esos órganos sufran una "enfermedad" determinada.

"... los ojos y la boca se abren más de lo normal y las cejas se elevan. Al principio la persona se queda quieta como una estatua, inmóvil y sin respiración, también puede agacharse como si instintivamente quisiera pasar desapercibido. El corazón late deprisa y de forma violenta, como si golpease contra las costillas... enviando gran cantidad de sangre por todo el cuerpo; la piel se pone inmediatamente pálida y puede aparecer una ligera sensación de desmayo. La palidez de la cara se debe en gran medida o totalmente a que los centros que regulan el sistema circulatorio se ven afectados y causan la contracción de las pequeñas arterias de la piel. Que la piel se ve muy afectada por la sensación de miedo, podemos observarlo en la forma maravillosa e inexplicable en que súbitamente transpira. Esta es una de las características más llamativas, ya que la cara después se enfría derivando de aquí el término de sudor frío; una vez que la cara recupera el calor, las glándulas sudoríparas vuelven a activarse. El vello de la piel se eriza y los músculos más superficiales se ponen en tensión. A la vez que el corazón aumenta su actividad, la respiración se acelera. Las glándulas de la saliva actúan de forma irregular; la boca se seca, abriéndose y cerrándose repetidas veces. También he notado que en situaciones de miedo leve aparece una fuerte tendencia a bostezar. Uno de los síntomas más claros es el temblor de los músculos del cuello, que aparece en primer lugar en los labios. Por esta razón y a causa de la sequedad de boca, la voz se hace diferente, aparece ronca o puede fallar.

A medida que el miedo aumenta de intensidad acercándose al terror, podemos apreciar diferentes consecuencias en función de las violentas emociones a las que estamos sometidos. El corazón late de forma salvaje o fallar y producir un desmayo; la palidez es semejante a la de la muerte; se respira trabajosamente; las aletas de la nariz se abren de forma marcada; aparece un movimiento tembloroso y convulsivo de los labios, un temblor en las mejillas, ... la garganta necesita aclararse continuamente, ... las pupilas están muy dilatadas. Los músculos del cuerpo se ponen rígidos o pueden empezar a moverse de forma convulsiva..."

59. KRAEPELIN Y EL MAESTRO

El siguiente caso clínico, a pesar de no tener un diagnóstico exclusivo de trastorno de angustia, presenta un especial interés histórico al haber sido publicado en 1901 por Emil Kraepelin, dándonos fe de la existencia del cuadro ya hace un siglo. Kraepelin (1856-1926) fue un famoso profesor alemán de psiquiatría, siendo considerado uno de los padres de la psiquiatría moderna al haber proporcionado las bases para la clasificación de los trastornos mentales.

Texto castellano: E. Kraepelin. Introducción a la Clínica Psiquiátrica. Ed. Saturnino Calleja. Madrid, p. 263-65. 1911.

"Señores:

Veamos primero a este maestro de escuela, de treinta y un años, que vino a curarse al establecimiento por propia iniciativa hace cuatro semanas. Exceptuando su estrecha frente, la ligera desigualdad de sus pupilas y la exageración de los reflejos rotulianos, nada se halla digno de mención por la exploración física de este hombre enjuto, como no sea la cifra de sus pulsaciones, que se ha remontado a ciento veinte, indicándonos con ello su gran excitabilidad emocional. Cuando el enfermo había de ser traído aquí hallábase violentamente agitado, acostado en cama; manifestó que la discusión en el hospital le costaría la vida; rogó que se le permitiera sentarse en la sala antes de que la lección comenzase, de modo que fuera poco a poco acostumbrándose a ver el auditorio, pues le era imposible hacer cara súbitamente a un grupo de personas (solía ser costumbre en la época, que algunos pacientes fueran presentados directamente ante un nutrido grupo de médicos y estudiantes con fines didácticos).

Está completamente en su juicio, lúcido y ordenado en sus

manifestaciones. Nos dice que una de sus hermanas sufre de lo mismo que él, y que su enfermedad se remonta a once años atrás. Considerándose instruido y en condiciones de estudio; hízose maestro de escuela, y hubo de desplegar intensa labor mental para que se le otorgase honrosa calificación. Gradualmente fue apoderándose de él el temor de que padecía una grave enfermedad; de que estaba para morir de apoplejía cardíaca, sin que pudieran convencerle de lo contrario todos los exámenes y observaciones de su médico; razón por la cual hubo de abandonar un día su destino, hace siete años, por temor de muerte próxima. Desde entonces viene consultando con innumerables médicos y tomándose vacaciones repetidas veces, mejorando siempre escasamente, y viendo cómo siguen presentándosele con igual frecuencia sus temores y que se agrandan éstos al ver reunida mucha gente. Se le hacía imposible atravesar grandes plazas o calles anchas, no subía a los tranvías por miedo a choques o descarrilamientos, e igualmente no se atrevía a meterse en un bote por temor a que diese la vuelta, ni a pasar puentes, ni a patinar, por sentirse acometido de brusco sobresalto; todo ello acompañado de palpitaciones y de opresión en el pecho. Nada mejoró casándose hace tres años. Se hizo casero, estaba "domesticado", afectivo, manejable, "demasiado tierno". Camino de nuestro establecimiento, cuando hubo decidido entregarse en nuestras manos, temblaba como un azogado.

El enfermo describe su propio carácter como el de un hombre que siempre tenía el corazón en un puño, aun hallándose en su sano juicio, temiendo toda clase de enfermedades, tisis, apoplejía, etc. Comprende que es enfermiza su angustia; pero no puede verse libre de ella. Tales temores se exteriorizaron muy claramente mientras estuvo en observación en el hospital. asustábale cualquier remedio que se le ordenaba, ya fueran baños, afusiones, medicamentos, por creer que serían demasiado activos para él y por temer que le debilitasen; no dejaba que el enfermero se apartase de su lado, para el caso de que le acometiera la agitación. Cuando veía otros enfermos se sentía sumamente molesto, y si al pasar por el jardín notaba que estaban cerradas las puertas, le atormentaba el temor de no poder salir en caso de que ocurriese algo. A lo sumo aventurábase a salir hasta el frente de la casa, y siempre tomando la precaución de dejar abierta la puerta próxima para refugiarse en caso de necesidad. Rogaba que le diesen una botellita de "electricidad azul" que había llevado consigo al hospital para darse confianza a sí mismo. Algunas veces mientras estaba sentado le acometían palpitaciones cardiacas. Unas pequeñas vesículas de acné le produjeron en cierta ocasión tal alarma, que no le dejaba pasear ni dormir. Le sorprendió que sus ideas fueran haciéndose tan sombrías, y temió que fuese el comienzo de una perturbación mental que se apoderaría de él en cuanto se hallase aquí.

Todo el proceso del presente caso indica que la dolencia tiene a su raigambre en la personalidad general... En tales casos hállanse los pacientes tan poseídos por sus indominables angustias, que pensamiento, sentimientos y acción gravitan alrededor de aquéllas... Ahora, mediante una práctica metódica, tratamos de ir acostumbrando al paciente más y más a salir solo fuera del hospital y a ir venciendo así sus múltiples fobias... El círculo de estos temores, que en este caso incluye la fobia de plazas, puentes, multitudes, ferrocarriles, etc., puede ser enteramente diferente según las tendencias y vida individual."

Comentario del Caso. Aunque Kraepelin lo diagnosticó en conjunto como "Enfermedad de ideas incontrolables", desde los conocimientos actuales destacan varios rasgos diferenciables:

1. Crisis de angustia. Con un sobresalto, le acometían palpitaciones cardíacas, sentía opresión en el pecho y vivía temiendo "la agitación". Aunque hace referencia al temblor, no se describen con más extensión los síntomas somáticos, posiblemente porque Kraepelin no consideró las crisis

de angustia como un síndrome distinto en sí mismo.

2. Agorafobia. Sugerida por la evitación de lugares públicos y la tendencia a permanecer en casa o asegurarse un rápido escape allí donde se encuentre.

3. Fobias específicas. Como el miedo a los trenes y barcos.

4. Hipocondría. Por la preocupación patológica de miedo a padecer una enfermedad física grave, que no consigue calmarse ni aún después de las múltiples exploraciones realizadas.

60.CRISIS DE PÁNICO CON INTENSA SENSACIÓN DE DESPERSONALIZACIÓN (TRAS OTRAS ENFERMEDADES MÉDICAS)

Mujer de 23 años, soltera. Desde hace unos años es tratada satisfactoriamente por diversos problemas médicos de cierta importancia. Todo ello ha supuesto un importante estrés sobre ella, aunque reconoce que el fallecimiento de una amiga íntima y de un familiar cercano, hace unos meses, le ha supuesto una mayor disminución del ánimo.

Recientemente, durante una exploración programada por motivo de su enfermedad médica, repentinamente siente que algo raro está sucediendo, se asusta mucho y piensa que va a morir. No puede describir bien lo sucedido y se refiere a ello, entre asustada todavía y divertida, como si estuviera "poseída". Notaba que no era ella, como si estuviera cambiando lo mismo que el mundo alrededor, como si todo fuera un sueño, notaba sus propias palabras como extrañas, como si no dominara lo que decía, sonando diferentes con un tono grave similar a las de un hombre. Fue tan intensa esta experiencia, que otros síntomas corporales asociados pasaron desapercibidos.

Preguntando por antecedentes similares previos, no parecen haber existido con anterioridad, sin embargo explica como desde hace varios años sufre de episodios de palpitaciones, mareos, sofocos y temores a quedar sola que se han justificado erróneamente por sus otros padecimientos médicos, aunque ya había buscado ayuda psicológica previa por dificultades de concentración escolar.

Cuando consulta, aparece como una persona de fácil comunicación, abierta, consciente de sufrir un problema que sin embargo no puede dominar. Se describe en ese periodo como cambiada, triste, aterrorizada ante la idea de que se repita el episodio vivido en el hospital, temerosa de quedarse sola busca constantemente la compañía y evita salir a la calle por temor a los "sofocos" y "mareos" y una posible caída. Refiere que desde hace varios meses sufre crisis, generalmente por las tardes, que empiezan relativamente rápido con una sensación extraña en el estómago, como un calor que sube a la cabeza que le marea y genera nauseas. Además se nota nerviosa, con palpitaciones, temblor, visión borrosa y sequedad de boca. En ese momento piensa que algo malo le ocurre y que le va a pasar como a sus seres queridos fallecidos.

Todo ello genera una gran preocupación en la familia, que no sabe a que atribuir el origen de este cambio. Se inicia el oportuno tratamiento farmacológico, acompañado de una serie de entrevistas aclaratorias a ella y su familia, junto a unas técnicas simples de afrontamiento y exposición a las situaciones temidas. Poco a poco va tranquilizándose a pesar de la aparición al principio de algunos efectos secundarios menores de la medicación. Al cabo de unas semanas su progreso es evidente, no han desaparecido totalmente las crisis pero su ánimo y sobre todo su actitud ante ellas es diametralmente opuesta. Al cabo de tres meses existe una franca mejoría, pudiendo salir sola con tranquilidad, montar en transportes colectivos y ascensores, desplazarse de camping con sus amigas...

En la actualidad trabaja en una gran superficie comercial y realiza un seguimiento y apoyo por su médico de Atención Primaria.

61. SENTIMIENTOS DE SOLEDAD EN UN FAMILIAR.

Hola. Me llamo Marisol y soy la esposa de una persona que sufre de agorafobia desde poco después de casarnos. Después de estar con muchos médicos que han atendido a mi marido, siento la necesidad de preguntar: ¿los que estamos con el enfermo, no importamos?. Entiendo que el enfermo es el objetivo, pero ¿preguntan los médicos cómo están, física y psicológicamente, quienes le acompañan?

Tengo dos hijos. Mi marido me acompañó en el nacimiento de mi primera hija, pero para el parto del segundo tuve que ir a ingresar sola y apenas estuvo conmigo unos minutos para conocerle. Posteriormente estuve ingresada en tres ocasiones por otros motivos, sola por supuesto.

Muchas veces sufro en silencio, por él, por mí, por nuestros hijos. El no soporta verme mal, pero después de tanto tiempo esto me está desgastando. Yo soy quien le ayudó a dejar la cama después de un año en que no quería prácticamente salir de ella, le apoyo y ánimo para que salga a caminar como le indicó el terapeuta, intento hacer lo que me pide y darle lo que necesita, como creo que he hecho desde que le conocí. En los peores momentos, algunas personas incluso me han sugerido que me separe de él. No me separo porque le quiero y no me va a vencer esta enfermedad, aunque siento que necesito ayuda para lograrlo.

El problema, ahora, es que yo no encuentro un solo lugar en el que me sienta a gusto. Parece como si tuviera 15 años y no supiera que hacer de mi vida. Hay veces en que no duermo bien y cuando me levanto me encuentro baja de ánimo, como si no hubiera descansado bien. Trato de sentir que tengo un nuevo día para vivir y para luchar, pero después de estas palabras mi existencia se pone en jaque cuando me enfrento a su propia desazón.

Releo esto y pienso que puede parecer una estupidez y quizás una pérdida de tiempo. Realmente ya no sé lo que quiero. Al final y en resumen, me encuentro sola.

62. CRISIS DE PANICO Y AGORAFOBIA CON ÁNIMO DEPRESIVO. (DOS FORMAS DIFERENTES DE VER LA VIDA)

Estoy muy contenta y me siento bien. He conocido a una amiga que ha escrito un libro contando su historia personal, muy dura y dramática. Su lectura y el trato con ella me han conmovido. Hubo un momento en que estuvo muy mal, a punto de tirar la toalla. Su propia voluntad le ayudó mucho, pudo superarlo y es un ejemplo de cómo se puede salir de las situaciones más complicadas.

No tuve una infancia muy feliz, aunque mis problemas no empezaron hasta los 22 años, justo tras el nacimiento de mi segundo hijo. Una noche, cambiando los pañales al bebé mientras mi marido estaba charlando con un amigo, me empecé a sentir mal. Notaba que el corazón me latía muy fuerte, me faltaba el aire, sentía que me iba a desmayar. No dije nada, le pasé el bebé a mi marido, sin pañales, y me acosté. Estaba cada vez peor, sentía que mi malestar crecía y crecía, no lo podía controlar. Decidí decírselo a mi marido ya que cada vez estaba más asustada. Llamaron al médico de urgencia, cuando llegó ya estaba algo mejor y me dijo que era debido al estrás. Personalmente creo que se debió a mis dos embarazos seguidos y al hecho de venir a vivir a una ciudad donde no tenía amigas ni familiares.

Me hicieron varios electrocardiogramas, que salieron bien. Me enviaron al psiquiatra que me recetó unos tranquilizantes. Sólo fui dos veces. Abandoné el tratamiento ya que se me había metido en la cabeza que mis taquicardias podían ser una enfermedad del corazón, como mi padre que había fallecido recientemente por ese motivo. Consulté con varios cardiólogos, probé con medicamentos homeopáticos, probé ir a parasicólogos, yoga, en fin, probé de todo.

Tuve también unas fobias terribles. Para mí, los supermercados eran una tortura y fueron mi gran enemigo todos estos años. No soportaba hacer colas y había momentos en que me parecía que me iba a desmayar. Andaba siempre agarrada al carrito, buscaba los sitios más apartados donde no había mucha gente. Cuando me sentía explotar, me iba a esos lugares. Sólo de pensar en las terribles experiencias que viví me dan escalofríos, como una película de terror. Muchas veces tuve que salir fuera, dejando la compra, como ahogada, como si estuviera en una cámara de tortura. Me hacía unos líos tremendos antes de entrar, pensando cómo podría controlar mejor la situación. No comprendía lo que me pasaba y yo misma me decía: nadie me hace nada, puedo andar como en mi casa, hay aire como en casa... entonces ¿por qué me siento tan mal? ¿por qué parece que me voy a desmayar?. A veces llegaba a la caja y sentía que las piernas no me sostenían y sacaba la cosas del carrito mareada. Cuando tenía que firmar el recibo de la tarjeta de crédito me temblaban las manos, he hecho cada firma que ni yo misma la entiendo. Muchas veces quise pedir auxilio, aunque nunca lo hice. Al final, salía como borracha. A veces iba con mis hijos para que me ayuden. ¿Para qué?, era peor, se peleaban, pedían esto y aquello, al final me ponía más nerviosa y parecía que todos me miraban como diciendo "¡qué madre más loca!".

Con el nacimiento de mi tercer hijo, mi ánimo empeoró. Me daba miedo bañarlo. Me daba terror quedarme sola con los tres. Sentía que no podía atenderlos, como que estaba débil. Fue la peor época de mi vida. Me sentía impotente y lloraba por cualquier motivo, sobre todo pensando que no podía disfrutar de mis hijos y me sentía culpable y miserable por ello. Al principio tomaba tranquilizantes que, aunque evitaban los ataques de pánico, no me ayudaban a soportar los lugares llenos de gente. Era muy negativa, a todo le buscaba pegas y me liaba para hacer las cosas. El médico me añadió una medicación antidepresiva y desde entonces todo cambió.

Ya no soy la misma, y mi marido lo nota. No me deprimo, hay días que estoy un poco más ansiosa, pero nada fuera de lo normal, tengo mejor humor, soy más positiva, tengo más autoconfianza y hasta me quiero más a mí misma. Creo que este es el punto fundamental, tener la autoestima alta. Estar seguros de nosotros mismos. El problema puede deberse a un montón de factores. Supongo que arrastramos muchos de los miedos desde niños, se van sumando ansiedades e inseguridades, y todo ello nos lleva a experimentar esas sensaciones desagradables.

No me detengo, siempre lo enfrenté y seguiré haciéndolo, no me resigno a ser diferente a los demás que entran y compran sin problemas. Cuando me atacan los "fantasmas", respiro muy profundo, y lento, con cada respiración me digo que en realidad no me pasa nada, que son todas exageraciones mías, y no le prestó atención. Así, puedo ir, comprar y salir como cualquier persona. No dejen de ir, todos los días un ratito, cada día un poco más, hasta que se venzan esos temores, no pasa nada, lo aseguro.

Les deseo mucha suerte, y les comprendo. Yo también lo pasé... y se sale de ello.

OLATZ

63. CRISIS DE PÁNICO Y ANSIEDAD GENERALIZADA

El Manual me ha sido de gran ayuda, me he sentido bastante identificado y me ha aclarado conceptos. Sentir que a uno le entienden es fundamental y con cuanta más gente hablo de ello, más a gusto me siento. Me llamo Pedro y tengo 24 años. Desde pequeño, tras una intervención de cierta importancia, tengo un gran temor a los médicos. Aquello se me quedó muy marcado, ampliando mis temores y asustándome mucho sólo de pensar que tengo una enfermedad grave ante el mínimo síntoma. Hace un tiempo, después de un análisis de sangre rutinario laboral, monté en el metro y tras 2 ó 3 estaciones sentí que me desmayaba. Era algo que nunca me había pasado y quedé aterrorizado durante 1 mes aproximadamente que fue lo que tardaron en darme los resultados médicos, que fueron totalmente normales. Lamentablemente para mí, se me había quedado marcada otra cosa, la sensación de desmayo.

Antes de ponerme a escribir esto, sólo de pensarlo, notaba escalofríos y me sentía nervioso, sobre todo notaba que se me hacía un nudo en el estómago. Según voy escribiendo, parece que voy entrando en calor y tranquilizándome. Suelo notar muchos nervios en el estómago con una incómoda sensación de molestia, tensión y dolores en el cuello, a veces parece que no puedo tragar y tengo que desabrocharme la corbata. Otras veces, junto a los escalofríos tengo una necesidad urgente de ir al servicio. Puedo estar más o menos tranquilo, pero en ocasiones, sin causa aparente, me pongo muy nervioso y siento todo lo anterior de forma aumentada.

Afortunadamente, parece que no tengo ninguna enfermedad médica grave. Sin embargo, a nada extraño que noto me bloqueo y ocupa toda mi atención, perdiendo incluso la capacidad de rendir en el trabajo. Para no ponerme así, evitaba cualquier situación donde en otras ocasiones lo he pasado mal. Soy una persona que me considero cabal, asumo mi problema y se lo que me pasa, he leído bastante y quiero superarlo. Últimamente estoy más tranquilo e intento enfrentar las situaciones que me atemorizan (¡hoy he quedado con mi novia para entrar en el Metro!).

64. CRISIS DE PÁNICO COMPLICADA POR ANSIEDAD Y MULTIPLES SÍNTOMAS CORPORALES

Hola. Mi nombre es Juan Luis, soy ebanista y tengo 25 años. Todo comenzó hace unos 8 años, a los 17. Estaba en casa viendo la tele, de pronto sentí un golpe en el corazón, luego otro y otro, me levanté desesperado y con ganas de salir corriendo. Tenía sudores fríos, pensaba que me moría y sentía mucho miedo. Me fui al médico de cabecera que me recetó un tranquilizante y al rato todo paso. Unos meses más tarde, me repitió de nuevo. Estaba en casa, sentí que me mareaba y empezó todo otra vez. Palpitaciones, miedo... ¡un infierno !.

Empecé a visitar médicos, me hicieron múltiples revisiones del corazón y del resto del cuerpo, aunque nunca se encontró nada de importancia. Meses después me fui a la mili. Allí lo pasé muy mal, tuve varias crisis de angustia, empezaron las fobias al momento de agruparnos en el patio para pasar revista, a los autobuses... Me entraban mareos, sentía inestabilidad, palpitaciones, molestias en la vista, espasmos musculares por todo el cuerpo y un montón de síntomas rarísimos, como una sensación agobiante de que yo mismo y las cosas alrededor parecían cambiar. Mi mayor preocupación era el corazón, lo sentía constantemente, hacia algún tipo de esfuerzo y me palpitaba hasta el estómago bruscamente. Siempre estaba triste y pendiente de todas estas extrañas sensaciones.

Cuando terminó la mili visite a un neurólogo, me recetó distintos tipos de antidepresivos ya que algunos me producían reacciones secundarias. Hubo uno que me vino mejor, sin tantos efectos secundarios y que me quitó las crisis de ansiedad y los pensamientos repetitivos, pero a la larga sentía mucho cansancio en el trabajo y seguía sin ganas de hacer nada. Probé diferentes tratamientos y consulté con un gran número de profesionales, sigo nerviosos, con problemas y sin poder divertirme como todo el mundo. Todo son síntomas y más síntomas que no paran de preocuparme.

65. CRISIS DE PÁNICO ESPONTÁNEAS, SIN AGORAFOBIA NI OTRAS LIMITACIONES IMPORTANTES.

Mujer de 40 años, casada, dos hijos. Historia personal difícil, con un padre bebedor y violento.

Desde el último verano presenta "sofocos" que atribuyó al calor, pero que se mantienen bien entrado el invierno. Interrogando sobre los síntomas es evidente que se tratan de algo más que sofocos. Dice notar una angustia repentina, como si se ahogara, faltándole la respiración y con sensación de calor que en algunas ocasiones se sigue de frío. A veces se añaden palpitaciones, temblor por todo el cuerpo y un nudo en el estómago o en la garganta que le impide tragar nada.

Estas situaciones aparecen normalmente en casa, casi todas las mañanas, sin estímulos aparentes. Cuando sucede, se tumba en la cama hasta que desaparezca y luego prosigue con sus tareas.

No hay conductas de evitación, por ejemplo de transportes públicos, y es capaz de salir sola de casa con normalidad. Aun así reconoce que en lugares cerrados con mucha gente "me cercioro de que tengo una pared cercana para poder agarrarme si siento que me voy a desmayar".

Tras explicar el origen de los "sofocos", se le anima a enfrentar ciertas situaciones familiares que en el transcurso de las primeras entrevistas aparecen cono necesitadas de atención. Todo ello, junto a una mínima dosis de tranquilizante, parece ser suficiente para iniciar una satisfactoria recuperación y mejor control de su situación personal.

66. AGORAFOBIA DE RÁPIDA APARICIÓN, MEJORÍA CON INTEGRACIÓN DE DIVERSOS ABORDAJES DE TRATAMIENTO

Me llamo Izaskun, tengo 38 años, casada con un hijo de 10 años, sin antecedentes de trastornos de ansiedad en la familia, a menos que alguien lo haya padecido y no me haya enterado. Hace tres años y medio que comencé con este problema, sin ningún tipo de síntomas previos que indicaran que me encontraba mal. Todo comenzó así: un día salí de trabajar, me encontré con una amiga y de pronto sentí como con un bajón de tensión. Me fui a mi casa, me acosté y ya casi no me levanté durante dos meses (salvo para ir de médico en médico). De repente, sentía calor en todo el cuerpo, sofocos, palpitaciones, un nudo en la garganta que me dificultaba respirar y sensación de desmayo por momentos. No iba sola al baño siquiera. No encontraba ninguna razón que justificara todo esto y hoy todavía sigo tratando de encontrar el problema de fondo.

Deambulé de médico en médico (todas las especialidades), me hicieron montones de estudios (tomografía incluida) y todo me salía bien. Ningún médico me diagnosticó pánico, uno inflamación de hígado, otro incluso me habló de una punción en el páncreas, etc... No podía viajar en autobús o metro, sólo en coche que tenía que conducir mi marido o en taxi. Un día al contarle a una amiga lo que me ocurría me aconsejó acudir a un psicólogo. Como era la única especialidad que me faltaba ver, allá fui. Estuve un año haciendo una terapia de tipo psicoanalítico y si bien durante ese tiempo no estaba en la cama todo el día (sólo me levantaba para ir a trabajar), no me sentía bien y los síntomas me perseguían a diario, varias veces en el día. Al año, me envió a un psiquiatra que empezó a medicarme, mientras seguía el tratamiento psicológico. Tampoco llegué a sentirme bien del todo, los síntomas eran esporádicos y bastante menos fuertes que al comienzo, pero creo que el miedo que me daba sentir cualquier síntoma secundario agravaba la situación. Debo reconocer que siempre le tuve miedo a este tipo de medicación, por lo que quizás no llegaron a darme las dosis adecuadas, cada vez que tomaba una pastilla más de que lo que tomaba habitualmente, al ratito me aparecían síntomas secundarios.

Actualmente no tengo prácticamente síntomas cuando estoy en casa, cuando salgo a veces me aparecen pero trato de controlarlos y seguir adelante. A veces puedo y a veces no. Trato de no salir sola, aunque a veces lo hago, lo cual ya es un logro bastante grande. Ahora ya tengo claro que no me va a pasar nada cuando vienen los síntomas, no ocurrirá nada que yo ya no conozca, así que seguramente al comprender esto he logrado que los síntomas duren menos y sean menos intensos. Pienso que soy yo quien debe controlarlos, así que lucharé para ello y tengo fe en que lo lograré.

Espero poder retomar mi vida social que quedó totalmente reducida al teléfono, pero no me presiono si en un momento dado no puedo, con paciencia también lograré esto.

67. UNA HISTORIA

Mi nombre es Alberto, nací en Bilbao hace 35 años. Soy soltero y hasta los 18 años viví con mis padres (soy hijo único). He tenido ocupaciones muy diversas (vendedor de libros, músico, profesor de informática, técnico electrónico, distintas tareas en una televisión local y en un estudio de grabación, etc.). Actualmente trabajo a tiempo parcial en varios proyectos.

Tuve innumerables problemas de salud en mi infancia, especialmente de tipo respiratorio. En mi familia existen antecedentes de trastornos de ansiedad. Por ejemplo, mi abuela materna tenía una verdadera obsesión por el orden y por la contaminación, además de una necesidad constante de comprobar las cosas (revisaba incontables veces si le faltaba dinero o si había cerrado correctamente las puertas con llave, en los últimos años de su vida llegó a limpiar su casa completa tres veces al día o a negarse a comer si no contaba con sus propios cubiertos). Algo parecido le pasa a mi padre, con una virtual obsesión por conservar y clasificar recibos y facturas. Lo mismo le sucede con las herramientas y sus cosas personales, llegando a perder el control si no encuentra todo donde lo ha dejado. Mi madre sufrió una fuerte depresión que le llevó incluso a tomar veneno para ratas, aunque afortunadamente se recuperó.

Sufrí mi primera crisis de pánico a los veinte años; no recuerdo ninguna circunstancia asociada en particular, aunque en general vivía un clima de tensión en la casa de mis padres, debido a constantes discusiones con ellos. La relación con mis padres fue desde entonces casi inexistente hasta no hace mucho tiempo. Una noche, sin previo aviso, sentí en mi cuarto que me moría sin que nada pudiera hacer por impedirlo. Pensándolo bien, quizás no fue esta la primera de mis crisis, ya que de pequeño alguna vez me tuve que marchar de la escuela "descompuesto" por sudores, temblores, hormigueos en todo el cuerpo e imposibilidad de prestar atención a aquello que me rodeara. Todo esto cedía en cuanto alguien me llevaba a casa. Ahora creo que podían ser crisis de pánico, aunque no puedo asegurarlo.

Además de exacerbar el temor exagerado a la muerte que sentía ya desde antes, me desconcertó el hecho que esas crisis me golpearan como un rayo, y que no pudiera hacer nada por impedir que ocurrieran. Cabe aclarar que nunca había oído hablar sobre la existencia de esta enfermedad, así que mi terror se duplicaba porque implicaba también enfrentarme a algo absolutamente desconocido o incontrolable en apariencia.

Desde los 20 hasta los 28 años no tuve un diagnóstico adecuado. Pasé por todos los estudios imaginables y posibles, sin encontrar nunca problemas orgánicos. Llegué al diagnóstico de trastorno de pánico y agorafobia gracias a que hice amistad con dos estudiantes de medicina, quienes me ayudaron a encontrar el cuadro más aproximado a mis síntomas. Al poco tiempo consulté con una psiquiatra y una psicóloga que trabajaban juntas y me confirmaron el diagnóstico.

Comencé un tratamiento farmacológico, junto con un tratamiento de tipo psicoanalítico. Hasta ese momento había estado imposibilitado de abandonar mi casa por la agorafobia durante dos años (no podía alejarme más de una o dos manzanas para hacer las compras, aunque generalmente esta tarea la realizaba algún amigo mío que comprendía mi situación, ya que en entonces vivía sólo). A partir del inicio del tratamiento pude "animarme" a salir, cada vez más lejos de mi casa por períodos más prolongados de forma progresiva. Seis meses más tarde, volví a trabajar "normalmente" como profesor en una academia de informática. Durante mi encierro, dependía de los trabajos que podía hacer en casa y que no eran muchos.

Por razones económicas tuve que abandonar el tratamiento. Sufrí varias recaídas, aunque todas ellas más suaves que las precedentes, tanto en tiempo como en intensidad. Tras tres años de actividad en el mismo trabajo, renuncié a él para poder dedicarme a otras cosas. Conocí a otra persona con un problema similar y creamos un grupo de autoayuda que funcionó durante un año. Me permito citar esto ya que en cierta forma es parte de mi tratamiento. El hecho de conocer en persona a muchos otros que padecen esta enfermedad me permitió comprender un poco mejor qué me pasa a mí mismo; por otra parte, espero que mi propia experiencia le haya servido de algo a otros. Posteriormente, reinicié de nuevo el tratamiento farmacológico y el apoyo psicológico.

Llegué a creer que ya no tenía mayores limitaciones, hasta hace una semana, cuando sufrí una crisis de pánico severa que me obligó a bajar del autobús en el que viajaba una tarde de muchísimo calor. Como dato alentador, tengo que destacar que no sufrí crisis de pánico por varios años. Una aclaración: en la actualidad, vivo con mi novia en un pequeño pueblo a 200 Kms. de mi ciudad natal. No tengo dificultades en viajar periódicamente esa distancia, aunque el llegar a la ciudad me da una especial angustia "de antemano". Me produce un malestar indefinido el permanecer mucho tiempo entre una multitud ruidosa, así como el tener que moverme dentro de la cuidad en transporte público. Tengo planeado volver cuantas veces me sea posible, tan sólo para exponerme a esas sensaciones y desensibilizarme de ellas (ya que eso no me ocurría cuando vivía allí).

La mayor limitación que siento actualmente es una sensación de inseguridad general (algo similar a aquello que me ocurría antes de una crisis), junto a una especie de fatiga constante, que sé no existente en realidad. Supongo que las ganas de querer salir, la terapia, la ocupación laboral plena, el tiempo y el amor harán lo suyo...

68. OTRA HISTORIA

Me llamo Mercedes y tengo 30 años. Soy profesora de informática y tengo proyectado casarme próximamente.

A lo largo de mi vida he tenido numerosas enfermedades, algunas reales y otras probablemente inexistentes. Tengo crisis agudas de ansiedad y me da miedo salir de casa sola, algo similar a lo que le pasaba a mi madre. Al principio de mis crisis me diagnosticaron crisis asmáticas y me pusieron tratamiento para ello, sin resultado.

Creo que siempre he sido un poco nerviosa, aunque la primera crisis fuerte que recuerdo fue hace unos años cuando me dijeron que mi sobrino había nacido muerto. Por circunstancias familiares coincidentes, me sentí acusada de tener cierta culpa de ello, a pesar de no existir razón alguna que lo justificara. Esto acrecentó mis crisis hasta llegar a no poder controlarlas. Cuando sentí esa primera crisis, mi primera reacción fue ¡HUIR !. Salí corriendo al hospital, ya que sentía que no podía respirar y que me moriría asfixiada. Sentía hormigueos en las manos, piernas y mentón, sudor y sensación de no poder tragar. Con el tiempo los síntomas fueron cambiando. En algunas ocasiones sentía vértigo y sensación de desmayo, especialmente en los supermercados o cuando camino. A veces, todavía tengo la sensación de falta de aire, aunque ya no es tan intensa y puedo controlarlo.

Pasaron aproximadamente dos años desde el comienzo de mis crisis. Pasé por todos los especialistas imaginables y me realizaron todo tipo de estudios (alergia, estómago, tiroides, oído interno, corazón, tuberculosis, etc. etc. etc.) y nada...

Por fin, uno de los médicos que me atendía, me sugirió que viera a un Psiquiatra. Este me recetó diversos fármacos que sólo tomé durante pocos días. La verdad es que tengo tanto miedo a las medicinas que sólo de pensarlo me pongo mala. Al mismo tiempo, empecé un tratamiento "psicoanalítico" al cual fui muy pocas veces, quería curarme rápidamente y ese tipo de tratamiento me parecía extremadamente lento. Luego comencé un tratamiento "conductista", pero tuve un malentendido con la psicóloga. Las tareas que me marcaba para enfrentar mis miedos me resultaban extremadamente difíciles de realizar y me sentía muy presionada. Tampoco concluí este tratamiento.

Comencé a buscar yo misma alguna forma para estar mejor y comprendí muchas cosas. Empecé con las exposiciones progresivas a las situaciones que me dan miedo y decidí tomarme en serio el tratamiento.

Antes llegué a tener dos crisis al día, ahora, todavía tengo alguna, aunque más esporádicas y controlables. Antes sólo me podía mover en coche, ahora puedo andar en bicicleta distancias no muy grandes. Antes me era imposible permanecer en supermercados o lugares públicos, ahora hago allí las compras y ya casi no me cuesta estar con mucha gente en lugares públicos. Antes me era imposible alejarme de casa 5 ó 6 manzanas, ahora puedo salir 20 kilómetros fuera del pueblo (sola o acompañada). Antes, me alimentaba de forma escasa y deficiente, ahora tengo menos inconvenientes con la comida aunque todavía me cuesta llevar una alimentación sana y variada.

Considero que con el tipo de tratamiento que estoy realizando voy bastante bien, a pesar de algunos bajones que siempre me dan en esta época del año. Seguiré con las exposiciones y el tratamiento psicoanalítico, que aunque lento, en mi caso creo que es lo mejor.

69. CRISIS DE PÁNICO DURANTE EL SUEÑO

Isabel Celaya se incorporó bruscamente de la cama, presa de una intensa angustia. Como en otras ocasiones, una brutal sensación de opresión en el pecho le despertaba en medio de la noche y un temor, que no podía dominar, le invadía nuevamente. Su corazón palpitaba aceleradamente, y una desagradable sensación de calor recorría todo su cuerpo. Respiraba con dificultad, entrecortadamente, mientras intentaba llenar de aire sus pulmones. La mirada fija en un punto intrascendente, y en su cabeza una única emoción que le paralizaba, un intenso temor a morir. Comenzó entonces a temblar. Rápidamente se levantó y abrió la ventana. "Cálmate Isabel, cálmate" se repetía como si de un mágico sortilegio se tratara. Un sudor frío resbalaba por su frente. Isabel sólo oía su respiración jadeante, "esta vez también pasará", "esta vez también pasará", repetía concentradamente. Era su tercer ataque en los últimos días, y decidió entonces aceptar el consejo de una amiga y visitar a un psiquiatra.

Isabel viene sufriendo episodios similares desde hace mucho tiempo. Isabel tiene ahora 38 años, es soltera y trabaja como dependienta en un comercio familiar. Todavía recuerda, como si fuera ayer, el primer episodio. Tenía entonces 18, y acababa de perder a su padre de un ataque al corazón mientras dormía. Era su primer día de clase en la universidad, y repentinamente, mientras todo el mundo permanecía en silencio comenzó a sentirse mal, muy mal, sentía que algo pasaba a su corazón y que se moría. Luego no sabe con exactitud lo sucedido. Le dijeron que se desplomó en clase y que entre todos consiguieron llevarla a la enfermería. Ella recuerda bien el tiempo pasado en el hospital, donde le hicieron muchas pruebas, sin que los médicos acertaran a encontrar alteración alguna en su cuerpo. Al final, alguien le dijo que todo era un problema de nervios y que dado lo reciente del fallecimiento de su padre, era comprensible lo sucedido.

Desde entonces, Isabel ha sufrido múltiples episodios, más frecuentemente mientras duerme, o en el duermevela después de comer, de diferente intensidad y variedad sintomática. Isabel intenta estar activa tras la sobremesa, por temor a quedarse dormida y sufrir un nuevo ataque. También tiene un cierto miedo al ir de noche a la cama y recurre habitualmente a hipnóticos. A pesar de las diferentes exploraciones cardiológicas a las que ha sido sometida, y que todos los médicos que ha visitado le han asegurado que no tiene nada en el corazón, Isabel sigue creyendo que el corazón es su punto débil, "como su padre", y tiene un intenso miedo a morir de un infarto mientras duerme.

En los 20 años que han pasado desde la primera crisis, ha habido de todo, rachas buenas sin episodios, otras con episodios leves y otras más graves con crisis más intensas y frecuentes. Estas generalmente, tras tener noticia de problemas del corazón o fallecimientos de algún conocido, o en situaciones de estrés.

Isabel no tiene temor a alejarse de casa, ni se siente incómoda en lugares donde hay mucha gente, o en sitios cerrados. Nunca ha tenido que ausentarse del trabajo por las crisis, aunque si ha ido cansada y sin apenas dormir en repetidas ocasiones. El rendimiento social y laboral ha sido siempre satisfactorio. No refiere haber sufrido claros episodios depresivos, por su intensidad y duración, aunque si el lógico cansancio y frustración por lo persistente de su trastorno.